茯茶小镇

特色小镇建设的实践与启示

张险峰 著

陕西师范大学出版总社

图书代号　ZH18N0364

图书在版编目（CIP）数据

茯茶小镇：特色小镇建设的实践与启示 / 张险峰著. —西安：陕西师范大学出版总社有限公司，2018.4
ISBN 978-7-5613-9927-9

Ⅰ.①茯… Ⅱ.①张… Ⅲ.①小城镇—城市建设—研究—泾阳县 Ⅳ.①F299.274.14

中国版本图书馆 CIP 数据核字（2018）第 071828 号

茯茶小镇：特色小镇建设的实践与启示
FUCHA XIAOZHEN TESE XIAOZHEN JIANSHE DE SHIJIAN YU QISHI

张险峰　著

责任编辑	张建明　王　兰
装帧设计	鼎新设计
出版发行	陕西师范大学出版总社
	（西安市长安南路199号　邮编 710062）
网　　址	http://www.snupg.com
经　　销	新华书店
印　　刷	西安市建明工贸有限责任公司
开　　本	787mm×1092mm　1/16
印　　张	15
字　　数	220千
版　　次	2018年4月第1版
印　　次	2018年4月第1次印刷
书　　号	ISBN 978-7-5613-9927-9
定　　价	60.00元

读者购书、书店添货或发现印刷装订问题，请与本社联系。
电　话：（029）85307864　85303622（传真）

致 谢

摄影／王捷 名誉花茶街

"茶汤花盛水，绿芽甘茶水民间醇"，老话须之说，唐宋千年来芳名只有的茶花，经茶花文化底蕴，以为底蕴之文化底蕴，其中民俗传名与地的茶花小镇。"

茶条小镇是以茶花产业为核心，集茶花文化、茶花经纪、茶花加工等为一体的综合性特色小镇，也是首批居民茶花小镇被列入建设的建设小镇中的近日之一。茶条小镇具有非人独特的来发展。诸水、茶花茶的茶花物种，更加多姿的茶花特点。自2015年8月开园建园，更重要的是具有传承着这悠久的茶花。每明的身生活气息，便其从其中许多特色茶花小镇被经建的出，每关她相非凡，被游客建们喜爱。次尽多游客经常来。

如今，茶来小镇已经成为茶特色小镇建设的一面旗帜，也成为游客欣赏区及游客更多次去。

目前的小镇，正是了胎源，又一个样来，她为了他区已经发展，也为开拓其进去的水平。在下，小镇建设越来越了新的努力。

我们有强来茶条小镇建设因有一路披荆断栎而行，具在打造一个生态甚至的方式化的茶花，特集一个则影长方的水头，铜系她做事化茶建设的新旗帜——特色小镇的目前有，情事来了新东西，继续持着传花小镇的坚守和努力。而且对于我们未来少对的茶花的开始茶建设及议义，我们的领袖开拓茶道设计之点，能过她们茶条小镇的茶开茶和茶来一点认真，我们必定遇到成就。

花条小镇建设经历讲到了多级政府和社会各界的大力支持，凝聚了大家的茶条水动的心血，也倾注了社会各界的关怀，但活着并非止于其重的。谨以本书献名为茶条小镇建设做出贡献的人们！

目 录
contents

缘起　茯茶小镇建设的背景

一、新时期下的时代背景要求 / 3

二、新常态下新型城镇化建设的创新理念支撑 / 11

三、建设新时代"桃花源"的美好愿景 / 16

谋望　茯茶小镇建设的思路

一、观文——茯茶历史及人文元素的挖掘与整理 / 21

二、析情——中国人的乡土情怀与乡情怅惘 / 58

三、定位——茯茶小镇的整体策略 / 96

落定　茯茶小镇的建设和实施

一、安民——当地村民的安置与培训 / 115

二、布局——茯茶小镇的整体规划设计 / 145

三、实施——茯茶小镇的运营 / 173

谨呈　茯茶小镇建成后的盛景

　　一、品茯茶，追忆茶马古道 / 188

　　二、游小镇，领略丝路文化 / 190

　　三、挥乡愁，欢飨舌尖美食 / 191

　　四、叙乡情，感受邻里热忱 / 192

　　五、谋福祉，畅游五福佳园 / 193

　　六、享和乐，携成天伦之美 / 193

　　七、慢生活，参悟茶道意境 / 195

 **静悟　茯茶小镇的品牌经营**

　　一、"文心匠意"——构建茯茶小镇核心理念 / 199

　　二、特色小镇建设的要素 / 218

　　三、茯茶小镇模式 / 227

后记 / 233

缘起

茯茶小镇
建设的背景

居处则思义,语言则谋谟,
动作则事,居国则富。
——《管子·四称》

自古不谋万世者,不足谋一时;
不谋全局者,不足谋一域。
——[清]陈澹然《寤言二迁都建藩议》

| 缘起——茯茶小镇建设的背景

《西咸新区特色小镇三大片区规划（2015—2020）》

一、新时期下的时代背景要求

茯茶小镇的开发建设是当前政治、经济背景下的必然选择。城市里鳞次栉比的建筑物，密如蛛网的道路和桥梁，各种物流昼夜奔腾不息。城市固然成了国家物质财富的主要创造者和集聚地，但生活在城市中的人们如今却面临着各种威胁，人口膨胀、环境污染、交通拥挤等问题日益凸显，而人们对优美生活环境的需求日益迫切。在国家政策的大力支持下，充分发挥茯茶自身产业、文化的优势，茯茶小镇的构想便应运而生，打造一个富有诗意的、充满归属感的、生态优美的栖居地的梦想得到了实践的机会。

1. 国家、省市区各层面的政策支持

2016年，中共中央国务院发布了《关于落实发展新理念加快农业现代化

实现全面小康目标的若干意见》，文件对乡村建设的具体落实层面提出了相关的意见，其中专门提出了发展乡村旅游的内容："大力发展休闲农业和乡村旅游。依托农村绿水青山、田园风光、乡土文化等资源，大力发展休闲度假、旅游观光、养生养老、创意农业、农耕体验、乡村手艺等，使之成为繁荣农村、赋予农民的新兴支柱产业。"该文件的发布成为乡村发展旅游业最为重要的政策依据，也为乡村经济发展指明了方向，茯茶小镇的建设无疑是中央政策的受益者和先行者。

除了国家的政策支持，茯茶小镇所处的区域也有着不可比拟的优势，为打造特色小镇品牌提供了强有力的支持。2014年1月6日，国务院正式批复西咸新区成为国家级新区，这是我国首个以创新城市发展方式为主题的国家级新区，也是时代赋予西咸新区的机遇和责任。

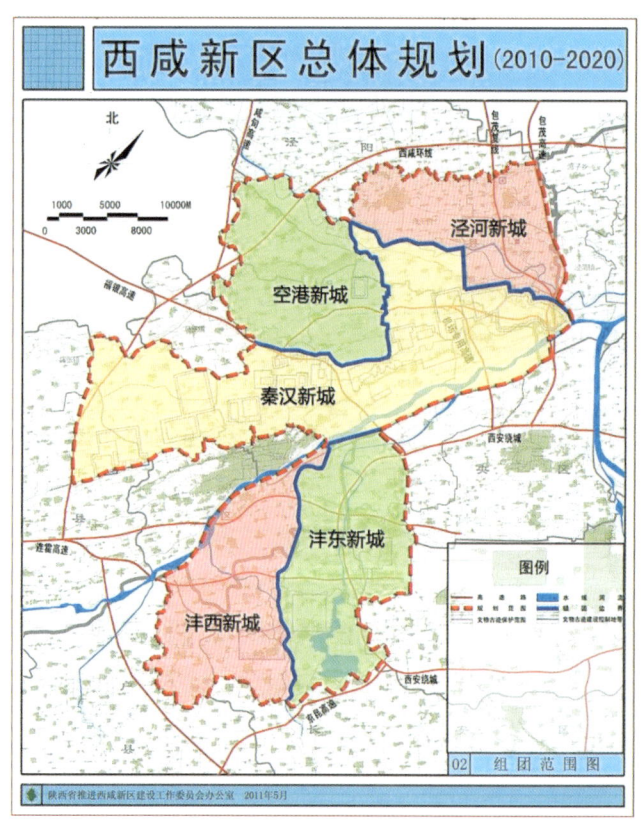

西咸新区范围图

缘起——茯茶小镇建设的背景

西咸新区泾河新城自成立以来，始终创新城市发展方式，改善民生、产业联动、产城一体，带动当地社会经济快速发展，成果显著。西咸新区由泾河新城、沣西新城、沣东新城、秦汉新城、空港新城五个城市组团组成。西咸新区泾河新城位于西安市北部、西咸新区东北部，规划面积146平方公里，是中华人民共和国大地原点所在地。城内泾河蜿蜒而过，崇文塔俯瞰八百里秦川。新城开发建设的目标之一是打造"大西安北部中心"，这个中心由中央商务中心、行政中心、生产流通服务中心三个支点构成。在产业布局上重点承载新能源、新材料、高端装备制造业、现代物流业、地理信息产业。打造现代田园城市典范，建设现代服务业示范区、全国现代农业示范区和全国城乡统筹示范区。《西咸新区总体规划（2010—2020年）》提出，将西咸新区泾河新城建设为西安北部中心，西北消费产业基地，战略性新兴产业和高端装备制造业，城乡统筹田园示范园区。作为城市核心板块与都市农业的过渡部分，新城秉承现代田园城市建设理念打造特色小镇群——重点示范镇、产业小镇、丝绸之路小镇、风情小镇、田园农庄、田园宜居小镇、文化旅游小镇、新农村新社区等多种形式的"特色小镇点缀"格局正在形成。

习近平主席出访中亚四国时多次表示，作为中国贸易史上最重要的篇章，我们必须弘扬丝路精神，重现"丝绸之路"的辉煌！回到丝绸之路的起始原点，2100多年前，张骞肩负和平友好使命，开辟出一条东起长安、西到罗马、横贯东西、连接欧亚的丝绸之路，让中国的贸易市场打开国门，走向世界！如今，泾河无疑肩负着重塑丝绸之路辉煌的重任，而本项目也将成为"丝绸之路经济带"上一颗璀璨的明珠！

习近平总书记2015年2月来陕西视察期间，提出"发挥西咸新区作为国家创新城市发展方式试验区的综合功能"。

2015年5月26日，中共中央政治局委员、国务院副总理汪洋视察西咸新区，对创新城市发展方式、建设现代田园城市的实践予以充分肯定。

2015年7月，国家发改委发出关于推动国家级新区深化重点领域体制机制创新的通知，明确要求西咸新区2015年要重点围绕推进"一带一路"建设、创新城市发展方式和以文化促发展的有效途径开展探索，力争形成可复制、

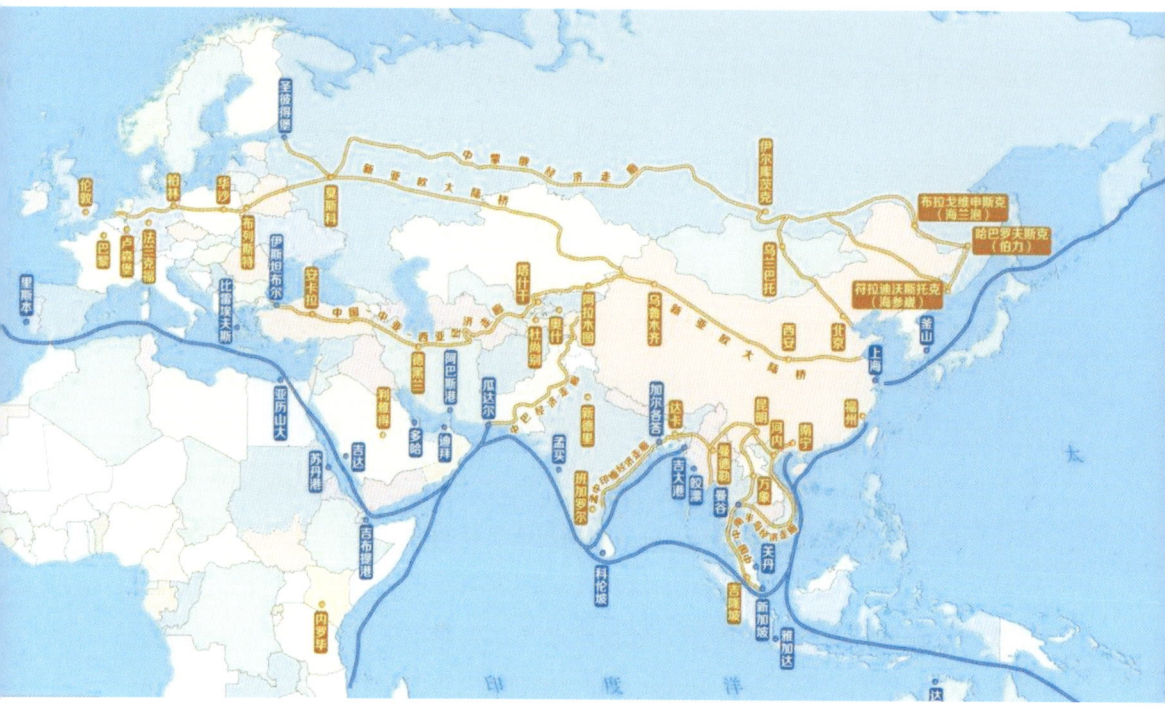

"一带一路"示意图

可推广经验,为其他地区提供引领示范。2015年11月,西咸新区获批国家新型城镇化综合试点。

2. 茯茶产区的产业、文化优势

茯砖茶距今已有近千年的历史,它兴于宋,盛于明清和民国时期,茯茶(散茶)在泾出现是在北宋神宗熙宁年间(1068~1077)左右,茯砖茶形成定型是在明洪武元年(1368)前后,距今646年。茯砖茶中独有的金花(冠突散囊菌)对人体有着独特的保健作用。而泾阳独特的自然环境,有利于"金花菌"的生长、发育和繁殖(俗称"发花")。茯茶作为黑茶骄子,以其独有的金花、造型、香味、保健功效,为其他茶类所不及,近千年来在民族融合、文化传承、国防建设、国际交流等方面发挥了重要的作用。鉴于泾阳茯茶美好的产业前景和深厚的文化内涵,打造以茯茶文化为主题的产城一体的综合性项目,一方面能够有力促进泾阳茯茶产业发展,形成以茯茶为核心的产品及文化产业链条;另一方面能够对特色小镇的开发形成良好的产业支撑,并赋予其独特的文化内涵。对加快泾阳茯茶产业发展、推进城乡统筹、促进区域繁荣、提升城市价值，实现良好的社会效益和经济效益具有重要意义。

泾新茯茶公司传承泾阳茯砖茶历史文化，推出的"泾新茯茶""泾新丝路茯茶"系列产品荣获第二十一届中国农业高新科技成果博览会"后稷特别奖"，这些都为小镇的建设与发展打下了坚实的产业基础。

3. 旅游业已逐步成为国民经济的战略性支柱产业

国务院印发《服务业发展"十二五"规划》提出"十二五"期间旅游业将初步发展成为国民经济的战略性支柱产业。《规划》指出，要大力发展国内旅游，积极发展入境旅游，有序发展出境旅游，走内涵式发展道路，实现速度、结构、质量、效益相统一。科学利用资源，坚持旅游资源保护与开发并重，加强旅游基础设施建设。同时，要提高观光旅游质量，大力发展休闲度假旅游和生态、文化、红色、乡村、森林、湿地、草原、海洋等专项旅游，提升旅游业发展的科技化、信息化水平。加快建设一批国家级旅游目的地和精品旅游线路，推进全国特色名镇(村)建设，规范发展主题公园。

党的十九大报告指出，文化是一个国家、一个民族的灵魂。文化兴国运兴，文化强民族强。没有高度的文化自信，没有文化的繁荣兴盛，就没有中华民族伟大复兴。要坚持中国特色社会主义文化发展道路，激发全民族文化创新创造活力，建设社会主义文化强国。同时指出，要健全现代文化产业体系和市场体系，创新生产经营机制，完善文化经济政策，培育新型文化业态。

陕西在省第十三次党代会提出了"培育新动能、构筑新高地、激发新活力、共建新生活、彰显新形象"的五新战略新任务，这是陕西省总揽全局、把握大势做出的战略选择，是决胜全面小康、奋力追赶超越的关键所在，为今后五年全省经济社会发展指明了方向，明确了目标。

2017年底，在西安市第十六届人民代表大会第二次会议上，王永康书记首次提出大西安"未来30年城市规划"，打造创新创业之都、全球硬科技之都、世界文化之都、世界级旅游时尚之都、生态智慧国际宜居之都、国际门户枢纽成为大西安的六大目标定位。2018年，西安市十五大工程中长乐健康小镇、动漫游戏小镇、华侨城汉城湖主题文化综合项目等一批高品质文旅项目的启动实施，更是表明了西安市发展文化旅游产业和推进特色小镇建设的决心。

《西安市规划（2006—2020）》关于发挥西安作为"世界古都，华夏之根"的资源优势，实现"西方罗马、东方西安"的宏伟目标。西咸新区泾河新城是古"丝绸之路"和"茶马古道"的途经之地，文化传承源远流长。

2015年6月，西咸新区出台《西咸新区特色小镇三大片区规划（2015—2020）》，计划5年内建设35个特色小镇，以实现"核心板块支撑、快捷交通连接、都市农业衬托、特色小镇点缀"的现代田园城市总目标。特色小镇建设是构建现代田园城市格局、发展文化旅游产业、推动农民就地城镇化的重要载体。

4. 乡村旅游业的兴起

茯茶小镇乡村旅游体验

乡村旅游近年来的发展为乡村的发展提供了新的经济支撑点，依托农村绿水青山、田园风光、乡土文化等资源，大力发展休闲度假、旅游观光、养生养老、创意农业、农耕体验、乡村手工艺等。发展具有历史记忆、地域特点、民族风情的特色小镇，建设一村一品、一村一景、一村一韵的魅力村庄。依据各地具体条件，有规划地开发休闲农庄、乡村酒店、特色民宿、自驾露营、户外运动等乡村休闲度假产品。

茯茶小镇乡村旅游体验

就乡村旅游而言，产品是供给侧的核心，也是乡愁的载体。通过开发有品质、有情怀、有创意、有市场的乡村旅游产品，创造乡村生产、生活新方式，保留乡村应有的风情风貌，留住乡愁，以便给旅游者更真切的感受。此时此景、原乡原土、原音原韵、原汁原味，让旅游者充分体验最原真的乡村味道，感受最淳朴的乡村记忆，这也正是乡愁的魅力之所在。

全面系统的对乡村旅游资源进行专业的评价，对市场开展务实地调研，对产品体系、业态布局进行科学规划设计，对基础设施公共服务进行系统改善，并提炼、探索适合本村本地的商业发展模式，同时寻求资金、政策等方面的综合保障，才能成就一个健康、良性、可持续发展的乡村旅游发展体系。

5. 开发茯茶小镇的重要意义

开发茯茶小镇的重要意义可以总结为以下四个方面：

一是,深入贯彻十八大"新农村建设",十九大"乡村振兴战略""建设美丽中国"的具体举措。

二是,积极响应习近平总书记提出建设"丝绸之路经济带"的重要尝试。

三是,实际践行陕西省委省政府现代田园城市建设理念的充分体现。

四是,混合所有制共建模式的探索和创新。

茯茶小镇乡村旅游体验

振兴区域茯茶产业,以茯茶产业的生产、展示、交易一体化为基础,以较小的开发量华丽蜕变成地方经济增长的引擎。为原住民谋出路促进城镇化建设,搞活城乡统筹,提高基础设施服务水平,保障居住安全,促进原住民就业,对构建和谐社会具有重要意义。注重对乡土文化的保护与传承,通过对原住民居进行改造,保存当地习俗和生活方式,形成"根、静、孝、合"为主旨的关中风情小镇。辐射周边为城市提供休闲服务,为西安、咸阳城市居民提供休憩地、洁净空气和幽静而富有文化韵味的休闲目的地,打造慢生活与茶文化体验品牌。对于农业产业化,农村存在产业化程度较低、生产效率低下等问题,进行产业结构调整,提升产业化程度,发展现代农业,拓宽产业发展途径，是新农村农业发展的必由之路。农民非农化，解决农民问题的关键是增加农民收入，而增加收入的关键是增加非农就业机会，行之有效的措施就是推动农村产业发展，大幅度增加就业岗位；同时加强农村社会保障，削弱城乡二元化。农村城市化，加强道路、水电等基础设施建设，加速旧村改造，改善村容村貌，提高农民生活质量。增添康体、图书馆等设施，使得村民在物质生活城市化的同时，生活方式和精神能够同步城市化。

二、新常态下新型城镇化建设的创新理念支撑

茯茶小镇的建设除了依托自身的区位优势、文化特色、乡土风情之外，也是顺应我国政策发展的大趋势。小镇的发展借助国家、省、市各层面的政策的有力支持，极大地推动了小镇的建设。

近年来，我国城镇进入高速发展时期，国家及各省市区都出台了相应的政策法规来支持城镇的建设。习总书记在2014年的中央经济工作会议上宣布，中国经济已经进入新常态。新常态下"三期叠加"矛盾依然突出，中国经济下行压力逐渐增大，寻求新的经济增长已成为当务之急。有数据表明：我国1978年~2012年城镇化率百分点与人均GDP对数的相关系数高达0.99，意味着城镇化率与经济发展密切相关。当前，以新常态思维大力推进新型城镇化建设，是保持国民经济持续健康发展的强大引擎。

1. 新常态

习近平总书记在2014年的中央经济工作会议上宣布，中国经济已经进入新常态。认识新常态，适应新常态，引领新常态，是当前和今后一个时期我国经济发展的大逻辑。

（1）"以人为本"是新常态

我国城镇化率由30%提高到50%仅用15年时间，英国用了50年、美国用了40年、日本用了35年。我国城镇化在快速发展的同时，也带来了诸如"三无农民""空城鬼城"、大城市病、城乡一体化局面等一系列问题和挑战。习总书记在辽宁调研期间曾指出："今后要在提高城镇化内涵和质量上下功夫。"在党的十八大报告里可以看到："到2020年城镇化质量要明显提

高。"在2013年年底的城镇化工作会议上我们看到：要推进"有质量的城镇化"。在《国家新型城镇化规划（2014—2020年）》（后文简称为《规划》）里提出：城镇化水平持续提高，会使更多农民通过转移就业提高收入，通过转为市民享受更好的公共服务。那句"让居民望得见山、看得见水、记得住乡愁"则准确彰显了新型城镇化的核心——以人为本。以人为本，就是要着力推进人口城镇化，中央提出，到2020年要解决好现有的"3个1亿人"的问题。

"促进约1亿农业人口落户城镇"能够有效解决进城农民一直"悬在半空"的问题，促使他们积极融入城镇生活之中；"改造约1亿人居住的棚户区和城中村"目的是让进城农民出棚上楼，改善他们的居住条件；"引导约1亿人在中西部地区就近城镇化"可以逐步减少中西部人口大规模"候鸟式"的迁徙，促进中西部地区城镇的健康发育。新型城镇化核心在写好"人"字，以人为核心，解决好人的问题是新型城镇化健康发展的根本之所在。

（2）增速放缓是新常态

改革开放以来，伴随着工业化进程的加快，我国城镇化经历了一个起点低发展快的过程。1978年，我国城镇化率为17.92%，2014年达到54.77%，38年间城镇化率年均提高1.02个百分点。但近年来，城镇化率增速逐年放缓。这是城镇化由追求速度向关注质量转变的必然结果。周一星等国内专家修正并改进了Northam的"S"形曲线，将城镇化发展划分为四个阶段，其中城镇化率在50%~80.96%之间被称为减速阶段。据预测，2020年我国城镇化率会达到60%左右，2033年会达到70%左右，2040年会达到75%左右。可见，在未来很长一段时间内，城镇化增速放缓是常态。

（3）产城融合是新常态

国务院发展研究中心发展战略和区域经济研究部一份报告显示：城镇化率提高1个百分点，服务业的比重将提高0.2个百分点、服务业的就业比重将提高0.8个百分点、GDP增长速度将提高0.7个百分点左右。作为载体和平台，城镇化水平的提高，使得城乡巨大的市场需求得以释放，引领四化同步发展，为经济社会持续健康发展提供有力支撑。新型城镇化的健康发展要以产业为支撑，如果没有产业为支撑，城市建得再大再漂亮，也只能是"空城""鬼城"。兴城先要兴业，产城融合是推动新型城镇化健康发展的内在动力。今后，将有越来越多的城镇根据区位优势和资源环境优势，进行功能定位，发展具有自身特点的产业。城镇有了产业作为支撑，就会吸引更多的人来就业，有了业才会乐业，而后才会安居。

（4）布局不断优化是新常态

我国城镇化发展仍存在结构和区域上不平衡的现象，这包括大中小城市发展的不协调、东中西部发展的不平衡。《规划》提出，在中西部资源环境承载能力较强的地区，要培育发展若干新的城市群，如成渝、中原、长江中游、哈长城市群等城市群，引领国土空间的均衡发展，培育区域新的增长极。就是要以城市群为主体形态，促进大中小城市和小城镇协调发展。《规划》提出，要通过加强综合交通网络和信息网络的连接，加强产业和公共资源布局的引导，适当疏散转移特大城市的经济功能和其他功能，增强城市群内中小城市和小城镇集聚经济、人口的能力。在发挥中心城市辐射带动作用的同时，要加快中小城市的发展，有重点地发展小城镇。今后，城镇布局不断进行优化是新常态，更加充分地发挥核心城市的带动和辐射作用，促进小城镇快速发展。

（5）生态文明导向是新常态

建设生态文明，关系人民福祉，关乎民族未来。新型城镇化战略突出了生态文明建设的重要性，充分考虑了生态的承载能力。未来20年内，我国整体上仍处于城镇化发展的加速期，建设生态文明是推进新型城镇化发展的关键所在。在城镇化发展的进程中，我们要融入生态文明理念，以绿色化为指导，进一步应对环境污染、气候变化、转变经济发展方式等现实问题，自觉走出一条绿色发展、循环发展、低碳发展的城镇化发展的新路径。

新常态、新思路、新发展——新的社会、经济条件下城乡发展有了不同的时代背景，城乡建设的侧重自然也会有所不同。如何把握这个时代带给我们的机遇及应对挑战是我们作为一名城乡规划工作者必须要思考的问题，也是我们在茯茶小镇的建设过程中一直努力探索的。

茯茶小镇良好的生态环境

2. 回归自然的理念

"依托现有山水脉络等独特风光,让城市融入大自然,让居民望得见山、看得到水、记得住乡愁"。2012年中央城镇化工作会议要求城市建设"把城市放在大自然中,把绿水青山保留给城市居民","慎砍树、不填湖"、少拆房,尽可能在原有村庄形态上改善居民生活条件。"

习近平总书记强调,建设生态文明是关系人民福祉、关系民族未来的大计。我们既要绿水青山,也要金山银山。宁要绿水青山,不要金山银山,而且绿水青山就是金山银山。我们提出了建设生态文明、建设美丽中国的战略任务,给子孙留下天蓝、地绿、水净的美好家园。

3. 创新解决交通拥堵的理念

2016年《中共中央国务院关于进一步加强城市规划建设管理工作的若干意见》中第十六条提出:"优化街区路网结构。加强街区的规划和建设,分梯级明确新建街区面积,推动发展开放便捷、尺度适宜、配套完善、邻里和谐的生活街区。新建住宅要推广街区制,原则上不再建设封闭住宅小区。已建成的住宅小区和单位大院要逐步打开,实现内部道路公共化,解决交通路网布局问题。"

4. 创新加快农业现代化的理念

中共中央国务院发布了《关于落实发展新理念加快农业现代化实现全面小康目标的若干意见》。文件对于乡村建设的具体落实层面提出了相关的意见，其中专门提出了发展乡村旅游的内容。

5. 发展特色小城镇

2014年编制的国家新型城镇化规划（2014—2020年）中强调：有重点地发展小城镇。大城市周边的重点镇，要加强与城市发展的统筹规划与功能配套，逐步发展成为卫星城。具有特色资源、区位优势的小城镇，要通过规划引导、市场运作，培育成为文化旅游、商贸物流、资源加工、交通枢纽等专业特色镇。

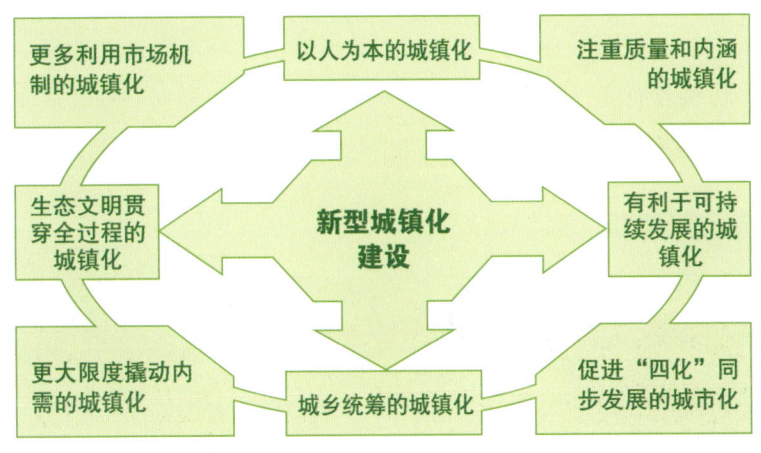

国家新型城镇化规划重点解读

6. 文化复兴的理念

习近平总书记2013年在山东考察时强调，一个国家、一个民族的强盛，总是以文化兴盛为支撑的，中华民族伟大复兴需要以中华文化发展繁荣为条件。他指出，国无德不兴，人无德不立。

7. 丝绸经济走出去

2013年国家主席习近平在哈萨克斯坦纳扎尔巴耶夫大学发表题为《弘扬人民友谊 共创美好未来》的重要演讲中提到："用创新的合作模式，共同建设'丝绸之路经济带'，以点带面，从线到片，逐步形成区域大合作。"2015年7月，国家发改委发出关于推动国家级新区深化重点领域体制机制创新的通知，明确要求西咸新区2015年要重点围绕推进"一带一路"建设、创新城市发展方式和以文化促发展的有效途径开展探索，力争形成可复制、可推广经验，为其他地区提供引领示范。

8. 西咸新区创新城市发展模式的理念

习近平总书记2015年2月在陕西视察期间，提出"发挥西咸新区作为国家创新城市发展方式试验区的综合功能"。

三、建设新时代"桃花源"的美好愿景

"缘溪行，忘路之远近。忽逢桃花林，夹岸数百步，中无杂树，芳草鲜美，落英缤纷，渔人甚异之。复前行，欲穷其林。林尽水源，便得一山，山有小口，仿佛若有光。便舍船，从口入。初极狭，才通人。复行数十步，豁然开朗。土地平旷，屋舍俨然，有良田美池桑竹之属。阡陌交通，鸡犬相

桃花源意向图

闻。其中往来种作，男女衣着，悉如外人。黄发垂髫，并怡然自乐。"陶渊明的《桃花源记》，描述了一个世外桃源般的美好人居环境。

在现代的城市生活中，如若有这种美好的景象真是令人心旷神怡。目前的城市建设经历了两代，第一代城市是工业城市，工厂、制造厂就设在城市里面。第二代城市就是高新区，摊大饼城市。这两代城市建设的模式，都是以牺牲人居环境为代价来换取经济的发展与功能的提升，而恰恰忽略了人的需求。我们不得不说这与"竭泽而渔"的行径无异。目前在党和政府的利好政策下，我们的城乡建设迎来了新的契机。习近平总书记在2013年底中央城镇化会议上就明确提出"要看得见山、望得见水、记得住乡愁"，同时提出"美丽中国"与"美丽乡村建设"的概念。

"特色小镇"是我们这个团队一直想做的，按照茯茶小镇的设计初衷，其实茯茶小镇仅仅做了两大部分，即创意小吃和茯茶文化，其他内容还尚未打造完成。例如四合院，仅仅建造完成了五分之一，动物住宅也有待完善……这也是《桃花源记》中所提及的"鸡犬相闻"的一种生活状态，是一种生活的记忆，也是一种乡村自然生活的基本常态，我们完全可以长期地将这一美好的场景存留于小镇之中，让这份乡愁延续下去。茯茶小镇自开园以来的人流量如此之大，其实就是人们想去寻找民间文化、乡愁文化，寻找记忆深处抹不掉的生活味道。尤其是春节的时候，人们在这里能找到传统的年味。

现在的城市里，水泥钢筋已经进入饱和期，我们应该学习采用木制的环保的房子，未来的特色小镇是需要考虑的，当然这要根据实际情况来设计。再比如未来的养老地产如何融入未来的房子中去，这也是渐渐步入老龄化社会的中国需要考虑的。

我们认为未来的房子应该具备以下几点要求：

一是，房子与植物紧密融合。

二是，房子与动物紧密融合。

三是，房子有亲水空间。

四是，空气的保障。

——特色小镇建设的实践与启示

熙熙攘攘的茯茶小镇

这些是基本的人居环境的营造，除此之外，还需要注意对人们心里诉求的满足。在特色小镇中，我们期望的是一种"黄发垂髫，并怡然自乐"的社会关系，是一种笼罩在道德光辉下，"父慈子孝、兄友弟恭"般的和谐社会。

我们要占领未来，考虑未来的发展。我们更需要有一种时代的精神，一种虽然充满艰辛，但是却不懈奋斗的精神！一种以实现"桃花源"般特色小镇的建设追求！这是我们所有建设者的美好愿望。

谋望

茯茶小镇建设的思路

昔我往矣,杨柳依依;今我来思,雨雪霏霏
——《诗经》

若为化作身千亿,散向峰头望故乡
——[唐]柳宗元

一、观文——茯茶历史及人文元素的挖掘与整理

1. 中国茶文化的传承

中国是世界茶文化的发源地,有人说,茶是造物者特意馈赠给中华民族的礼物。早在上帝创造天地之前,我们的祖先神农氏早已发现茶树,尝过茶叶。由嚼茶叶,而发明为采叶焙制,而改良为煎烹饮啜。茶已经和中国人的生活紧紧地联系在一起了。

在悠久的历史长河中,茶的清香、高雅与中国的民族性相结合,成为刻画中国的重要形象之一。

据史料记载:茶,"发乎神农氏,闻于鲁周公"。《庄子·盗跖篇》说:"神农之世只知其母,不知其父。"中国是茶叶的原产地,更是茶文化诞生之地。在我国,有文献记载的茶文化的起源可以追溯到汉代,在经历了魏晋南北朝时期的萌芽,于唐代发展繁荣,兴盛于宋代;至明代时期达到发展的顶峰,于清末开始走向了衰败;民国至改革开放时期一直都属于沉寂的状态;一直到20世纪80年代时期,中国茶文化才重新蓬勃发展起来。

中国茶文化的起源、发展和形成经过了以下的时期:

在我国最早的文学作品《诗经》中就有茶的记载,《谷风》有:"谁谓

传统茶文化

荼苦，其甘如荠"；《出其东门》中有："有女如荼"。对于茶的解释则有周公《尔雅》载："槚，苦荼"，郭璞《尔雅注》云："树小栀子，冬生，叶可煮羹饮。今呼早取为荼，晚取为茗，或一曰荈，蜀人名之苦荼"。在晋代常璩《华阳国志巴志》中记载有："周武王伐纣，实得巴蜀之师……皆纳贡之"，这说明武王伐纣时，巴蜀地区的茶叶就已作为贡品。在学术界，大多数学者认为我国是从汉代开始引用茶叶的，最主要的依据是西汉成帝时王褒的《僮约》中"武阳买茶""烹茶尽具"的记载。这一史料至少可以证明在西汉时期，成都地区已经开始进行了买卖茶叶的活动，并且出现了用来专门饮茶的茶具。因此大家公认为巴蜀地区是我国茶叶的起源地。一直发展至秦汉统一全国之后，茶叶的饮用、加工及种植开始从巴蜀地区逐渐传到全国的其他地区。

经过秦汉时期的发展直到三国两晋时期，随着全国各地经济文化的交流的增多，饮茶及茶叶的种植也逐步发展到我国的东部和南部。《三国志·吴志·韦曜传》记载："孙皓每绩宴……曜饮酒不过二升。皓初礼异，密赐茶荈以代酒"。这足以证明至少位于长江中下游地区的吴国，宫廷里已经开始饮茶。又据《晋中兴书》载："陆纳为吴兴太守时，卫将军谢安常欲诣纳。纳兄子俶怪纳无所备，不敢问之，乃私蓄十数人馔。安既至，所设唯茶果而已……"这说明当时已经有用茶、水果招待客人的习俗，而且经过一段时间的发展，茶叶已经不再仅仅是宫廷饮品，逐渐发展成为普通百姓家庭可以享用的饮品，而为宾客敬茶的习俗也逐渐形成了。

发展至隋朝时期，中国的统一以及南北大运河的修建在客观上促进了地区间经济发展与文化交流，同时也为茶叶的种植和饮茶习俗的传播创造了有利的发展条件。唐朝时期茶业的发展十分的兴盛，在《封氏闻见记》中就有关于饮茶风气盛行的描述："南人好饮之，北人初不多饮。开元中，泰山灵岩寺有降魔师，大兴禅教。学禅务于不寐，又不夕食，皆许饮茶。人自怀挟，到处煮饮，从此转相仿效，遂成风俗……于是茶道大行，王公朝士无不饮者……穷日竟夜，殆成风俗。始自中地，流于塞外"。此时我国南方所生产的茶叶开始大量的销往北方，北方地区的茶馆也逐渐兴盛，方便大家购买

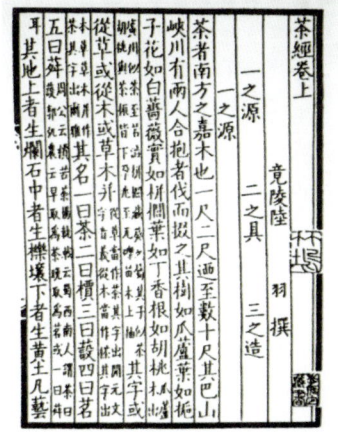

《茶经》

茶水饮用,茶已经成为老百姓的一种日常饮品。在唐代"荼"字变为"茶"字,唐人陆羽撰写了我国第一部茶书——《茶经》。同时政府开始对茶叶征税,建立了茶政。茶叶逐步被销往边境地区,开始了边茶的生产和贸易。综上所述,在我国茶业和茶文化发展史上,唐朝具有划时代的意义,史称"茶兴于唐"。

宋元时期主要是宋代,是茶文化发展的兴盛时期,历史上有"茶兴于唐而盛于宋"之说。而随着气候的变化,我国的产茶区由北向南移动,南方地区的茶产业获得了明显发展。在宋代,全国共有66个州、242个县产茶,茶树的栽培技术也有了显著的提高。宋徽宗赵佶的《大观茶论》中写道:"植茶之地,崖必阳,圃必阴""金圃家植木以资茶之引"。茶叶栽培技术的提高,进一步促进了茶树种植和加工技术的进步。同时,为了能够适应普通群众对于饮茶的需求,在这一时期茶叶的生产,开始由团饼向散茶的方向逐渐转变。由于饮茶的大力普及,在城镇中茶馆林立,茶馆文化得到了长足的发展。此外,在宋代与辽金对抗时期,因边防以及向金人纳贡的需要,宋代茶叶开始了由征税走向自由买卖,推行了官买官卖的榷茶制度。总体来说,宋元时期是我国茶业发展史上有较大变革以及建设的重要时期,这对于后一段时期茶业以及茶文化的发展影响深远。

明代至清代前期还是我国茶业发展的鼎盛时期。在这一时期,我国的茶叶生产技术和茶文化的发展达到了一个新的高度。明代太祖朱元璋罢团茶改散茶的诏令极大地推动了散茶的发展,使得团茶和饼茶进一步边茶化。"唐煎宋点"的饮茶方式正在逐渐被冲泡法取代,冲泡法是以品尝茶叶天然的色、香、味、形为特点的,进而形成了与以前不同的以品散茶为主的、与近代茶叶科技相衔接的茶文化。发展至明朝中后期,我国的制茶工艺以及茶树栽培等一系列生产技术已经日趋完善并向精细化发展。同时,饮茶和茶叶加工技术的变革及发展,还推动发明了我国六大茶类尤其是红茶和绿茶的各种制法，丰富了茶叶种类。此外，紫砂茶具因茶叶饮用方法的改变而开始独领风骚，紫砂文化初步形成。明代时期著书立说、热衷茶事、评茶品水等茶事活动盛极一时，这也为后世留下了大量茶文化作品。由于精于茶道的文人雅士参与了茶馆的建设及发展活动，使得茶馆文化也得以日渐成熟。

发展至清代，茶文化开始从文人茶文化彻底向平民饮茶文化转变，并最终成为了茶文化发展的主流。清朝后期，由于战火侵袭，我国遭受到了帝国主义的摧残，整个社会发展停滞不前，茶文化也无从发展，走上了坎坷之路。直至改革开放以来，我国茶产业才又开始迅速发展，在沉寂之中的茶文化才得到复兴和发展，茶文化又再次登上了历史的舞台，焕发出新的生机与活力。

中国茶文化从西汉起发展至今已经形成了一个博大精深的体系，茶叶的种植和品尝也从巴蜀地区其他地区传播，最终走向了世界。同时，在这数千年的历史当中，积累了大量的茶文学艺术

茯茶小镇"茯茶姑娘"选秀活动

作品。我国茶文化的形成以及发展过程中也融入了道家、儒家等思想，进而演变成为各民族的礼俗。至此中国茶文化已经成为传统文化的优秀组成部分和独具特色的一种文化模式。

中国的茶不仅成为本民族的优秀文化传统，更是中华民族对世界人民的卓越贡献。茶文化作为中国优秀的传统文化之一，已不仅仅是本国、本民族的文化，更成为世界传统优秀文化遗产的重要组成部分。茶文化在中国经历了千百年的历史发展和积淀，成为一种独特的文化现象。而随着茶叶种植、茶叶制作和饮用茶叶在世界范围内的流传，中国茶文化广泛融合于其他国家和地区的本土文化、民族传统，在世界范围内大放异彩。茶文化不仅仅是物质性的，同时也包含了精神性，茶叶以其物质本身作为载体来融合传播精神

文化，是物质文明与精神文明的有机融合。从古代一直发展至今，茶作为一种文化现象已经根植于我国广大国民的心中，同时茶所形成的文化更加丰富了中国的文学、艺术及民俗等各种传统文化。

悠久的茶文化历经千年的历史为茯茶小镇的建设奠定了不可动摇的基础，茶文化的兴盛本身就孕育了数量众多的茶文化旅游资源，这其中既有自然旅游资源，也有人文旅游资源，既有传统遗留下的名茶原产地、茶艺茶道、茶风俗、建筑、遗址，也有新创型的茶文化艺术表演，茶歌、茶舞等，内容广泛，有较高的文化品位。茯茶小镇的发展，离不开对中国茶文化的理解与挖掘；理解茶文化的内涵，也有利于开发出更加符合其特征的旅游产品。

2. 茯茶文化的复兴

（1）茯茶文化的历史

伴随着中国茶文化的兴盛提供的强有力的支撑，立足于自身的地理区位等优势条件，茯茶也走出了自己的发展之路。随着茯茶小镇的建设，茯茶文化必然会在当今的时代背景之下迸发出新的火花，故对茯茶自身的历史文化的挖掘与研究就显得十分迫切而有必要了。

茯茶隶属六大茶类中的黑茶，属于后发酵茶，能够随时间的推移慢慢地陈化、香醇，为陕西泾阳人于公元1368年前后发明。在黑茶类中，茯茶、藏茶、普洱等都一直主销边疆地区，所以也被称为边销茶，但边销特征最明显的要数茯茶，它被称为"丝绸之路上的神秘之茶"。

"自古岭北不产茶，唯有泾阳出名茶。"砖茶产业在泾阳既是一个古老的，又是一个新兴的历史传统产业。泾阳成为南茶西运加工转运的集散地应该是始于汉，闻于唐、兴于宋、盛于明清时代。泾阳茯茶产生于北宋神宗熙宁年（1068年），泾阳茯砖茶成名于明洪武元年（1368年），兴盛于明清至民国时代。

泾阳商业发展历史源远，诗经云："侵镐及方，至于泾阳"。从殷周时起，文化、经济、商务、生产均臻上乘，为关中名治。至于秦代，郑国渠开浚，农业生产日益发达，产品剩余交换最为频繁，集市起兴，商贸日趋繁荣。汉唐时代，农业发展带动了相关产业发展，古会、庙会起兴，促进商贸更加繁荣昌盛。泾阳当时的古会就有15个之多，以县城古二月会和永乐店冬至会规模最大，会期月余。加之"丝绸之路"的开通，中西商贸日趋兴盛，茶叶已成为"丝绸之路"外贸三大产品之一（三个主要商品是：丝绸、瓷器、茶叶）。岭南茶逐驶泾集散、转运，起初主要是四川一带的边茶，后又增加了湖南、湖北的湖茶。

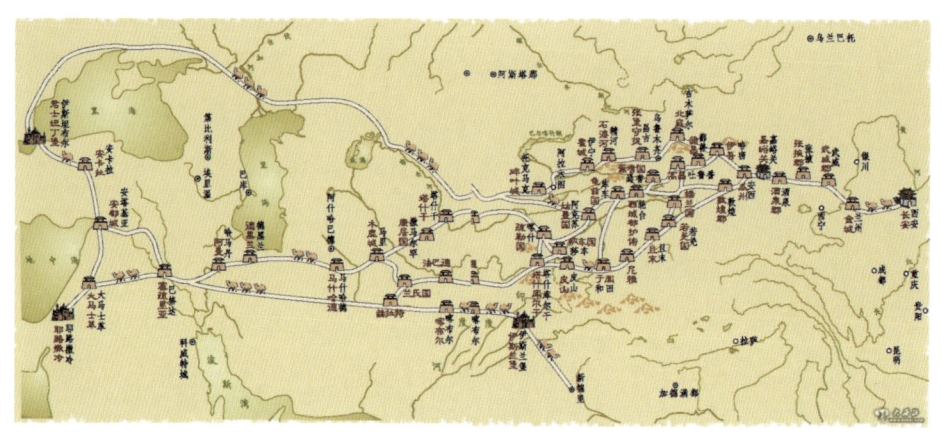

古丝绸之路示意图

到了宋代，商贸业又有了新的发展。集市起兴，《易·系辞下》称"日中为市，致天下之民，聚天下之货，交易而退，各得其所"。《泾阳县志》载，当时泾阳有集镇11个。县城还出现"至晓乃散"的夜市和日市俱出的早市。由于水运的便利，这时"湖茶"已上升为主导地位。泾阳茯茶这个时期渐渐在加工制作中出现。随着茶叶加工转运量的不断增大，也促进带动着相关产业发展小加工厂、作坊、脚夫（运输）、堆垛坊（仓储库）、廊屋、客店，而烟商、棉麻商、盐商、皮商、药材商相继诞生。《泾阳县志》载，当时大宗商品主要是湖茶、兰菸（兰州水烟，也叫白条烟）、甘（甘肃）、宁（宁夏）、青（青海）毛皮、药材、盐类（食盐和硝盐）。此时泾河上有9个大渡口（码头），纤夫成群。泾阳县城中至今还有的骆驼巷、麻布巷、堆垛场（红光坊）、四茗楼巷、粮集巷等，就是当年流传下来的。

当时茯茶西运靠驼驮马载，销售后，返回带的主要是兰菸、叭、宁、青毛皮、药材、香料、珠宝等；南茶北运泾阳后，返回主要带有在泾阳改制的

| 谋望——茯茶小镇建设的思路 |

泾阳古渡口

兰州水烟和在泾阳加工好的皮货、中药材和泾阳产的硝盐及棉布。随着商贸发展，物品贸易量的不断增大，纸币——"交子"，也是在这一时期出现。据考证，是世界上最早的纸质货币，他的诞生有效改善了贸易当初的物物交换，及后来的金银硬通货币交易的不便，促进商业贸易大步发展繁荣。明清民国时期，商品生产和商业贸易进一步扩大，过泾茶叶量不断增大，茶叶西去运输问题突显。为了解决这一问题，增加运量，茶商设法改进茶叶包装，压缩茶叶体积，开始筑制砖茶，遂之诞生了"泾阳茯砖茶"。这一时期也正是泾阳茯砖茶发展的鼎盛时代。同时也从茶商号中衍生出了许多专业商户。促进其他商贸流通业的兴盛。泾阳境域经济繁荣，商业发达，商贾云集，一些大商富户争相开设商号、货栈、皮行、钱庄，街市两侧商号、门店林立，手工作坊遍地。《泾阳县志》载"清雍正年间，泾邑系商贾辐辏之区"。成为沟通南北货物集散加工转运之枢纽。此时，泾阳境域商号131家。其中经营茯砖茶的商户，门店有：天泰通、裕兴重、元顺店、积成店、昶胜店、泰和城、协信昌等达86家。每年每家平均办茶15引票，共计1500引票（每引一票，每票800封，每封5斤，后改为每封6斤）约300~500吨，分销西域、俄属各地。以天泰通、裕兴重、协信昌最为驰名。

据史料载，当时泾阳茯砖茶除销往西域各地外，已随"丝绸之路"远销俄国、西番、波斯等40多个国家。据卢坤《秦疆治略》记载："泾阳县官茶进关，运至茶店，另行检做，转运西行，检茶之人，亦有万余"。时置泾阳县城及周边，茶行、茶庄、作坊、茶商号、店铺林立，热闹非凡。白天人潮如海，车水马龙，夜晚灯火通明，歌舞升平，好一派繁荣景象。

1873年前，茶商内部分为东西两柜。东柜为汉族，西柜为回族。到1873年后，陕甘总督左宗棠，改引为票后，有意扶持湖南人，泾阳增加了南柜

泾阳"天泰通"茯砖茶

027

（全系湖南人），如：乾益升、鼎裕隆等五六家。南柜乾益升一家请领茶票约是全部的一半之多，每年销茶达五六百余票，每封茶官方规定价格为纹银一两七钱左右，每票合计价款银1260余两，是为泾阳茶商最盛时期。

与此同时，一些均以茶起家的富商大贾不但染指烟、皮、盐、布外，还竭力向外地及沿海一带发展。他们有的在三原、西安等地开设钱庄、货栈、商号。有的在四川、两湖（湖南、湖北）包租种植茶园。有的在兰州、青海、新疆、宁夏、蒙古、四川、云贵、武汉、西康、江淮流域一带设立庄栈，并在当地置产娶妻，来往两地，生活奢华。多以经营茶、烟、皮、盐、药材、丝绸、布匹、黄金等。泾阳谚语有"东刘西孟社树姚，不及王桥头一撮毛""吴家伙计天下走遍，不吃别家饭，不住别家店"。在这些富商大贾的影响下，泾阳商贸更加繁荣，当时能挂上号的商号、货栈、店铺达260多家，随之经营方式也出现多样化。有"自东自掌"独家经营的；也有财东出资，掌柜的出人协办生意的"劳资"合营型；还有几户财东以资金多少，顶股合伙的"合股生意"。茯茶的远销同时也带动了南北文化交流，促进社会文明进步。屈大均康熙五年（1666年）参观泾阳县二月二日汉堤洞（今三渠镇雪河堤洞村）东岳庙会写道："陕地繁华，以三原、泾阳为第一，其人多服贾吴中，故奢丽相慕交……妇女结束如三吴"。（屈大均《翁山文补》卷《宗周游记》）。

清末、民国时期，泾阳比较有名的"天泰"字号，总掌柜李奇周，商号遍布陕、甘、宁、川等地，并由单一的茶叶业拓展到京华、金银、布、粮、面粉加工等。单泾阳县城就开有：京货铺、金店、布店、银店、面粉加工厂、茶店、茶叶作坊等。各处专营茶叶的分号掌柜36人。泾阳县城设有四大商号：天泰通、天泰运、天泰全、天泰店，集经营加工于一体，用家缠万贯、骡马成群来形容一点也不过分。

民国后期，泾阳茯砖茶加工生产每况愈下，加之陇海铁路的开通，极大地改善了南北、东西物资的运输条件，茶叶逐渐转向由产地直接加工生产外运，过泾茶叶锐减，产量下降。解放之初，泾阳县成立了人民茯茶厂，生产茯砖茶，起初茶厂经营不错，后因原料全靠外进，国家计划经济限制较多，

| 谋望——茯茶小镇建设的思路 |

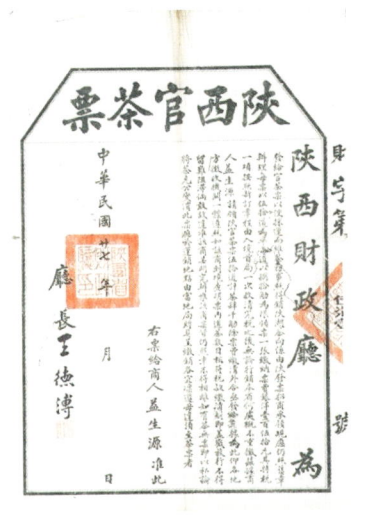

陕西官茶票（民国）

加之中央政府要求把加工生产转移到茶产地。湖南安化引进泾阳茯砖茶生产技术与1953年试制成功，黑毛茶到泾阳生产成本较安化高，生产逐渐减少，至1958年后基本停产，只有极少部分制茶人把传统工艺保留了下来。

改革开放之初，1981年泾阳县试图恢复泾阳茯砖茶生产，成立机构，在县拖拉机修造厂利用场地开展试制生产。先用湖茶，后用陕南紫阳一带陕青秋老叶试制获得成功。发花均匀量大，茶色、茶质、茶味均上乘。销往西北各省，牧民群众均接受、认可。当时是集体大企业，因缺乏资金，加上管理不善，后倒闭。近年来，在原国家林业局茯茶工程技术研究中心主任、陕西省林业厅厅长李三原和陕西苍山茶业有限公司董事长、陕西省茶业协会会长纪晓明等人的共同努力下，社会各界及行业内人士紧密围绕茯茶产业的做大做强，开拓思路、想办法，泾阳茯砖茶迎来了一个崭新的发展时机，在加快茶叶标准化生产，打造茶品牌，搞活茶贸易，弘扬茶文化方面取得了骄人成绩，泾阳茯砖茶又一次以高品质的口感走进了人类生活中。

关于茯茶的名称，有好几种说法，大家公认的几种有：①由于茯茶最早是由陕西泾阳地区人首创，故有"泾阳茯茶""泾阳砖茶"之称；②由于是在伏天加工而成，并有土茯苓的功效，故称"伏茶""茯茶""福砖"；③在古时，茯茶属战略物资，购销受到官府的严格管控，所以又称"官茶""府茶"。西安市碑林区人民政府的韩健昌同志对茯茶何以名"茯"做了详细深入的探讨。

茯茶金花

特色小镇建设的实践与启示

茯茶至今已有600余年的历史，历史悠久，颇负盛名，明、清时期曾为"陕引""甘引"之主要茶品，沿丝绸之路远销西北各省及国外，曾被誉为西部人的生命之茶、长寿之茶，在悠久中国茶史上写下了辉煌的一笔。在漫长的集散、加工、制作岁月中，茶商在不经意情况下偶尔发现加工之茶中长出"金花（冠突散囊菌）"极大地改变和提高了原黑毛茶的品质，具有助消化、减肥、利尿、醒酒、增强毛细血管通透之作用，据史料载，茯茶（散茶）在泾出现是在北宋神宗熙宁年（1068~1077）左右；茯砖茶形成定型是在明洪武元年（1368）前后，距今643年。是西、北部少数民族日常生活的必需品，素有"宁可三日无粮，不可一日无茶"之说，这里的茶就指的是茯茶。茯茶在古丝绸之路是最重要的贸易物资，也是西、北部边疆军政开支的财政支柱税源商品。可以说，在当时茯茶有黄金的作用。

茯茶文化是以茯茶为载体所形成的特殊物质组合与所体现的文化艺术，是物质享受和精神享受的有机结合。陕西在中国茶文化发展史中具有极为重要的地位，陕茶文化应当成为促进产业发展的动力。文化可以转化为物质，文化可以促进经济发展。茶文化不仅是中国传统文化的重要组成部分，而且自古以来，茶文化就已经与山水文化、宗教文化、民族文化、民俗文化、烹饪文化、诗画文化、工艺美术等文化密切联系。尤其是在当今文化日益丰富的时代，要重视茯茶、茯茶文化的社会功用，积极开展茯茶文化研究，发扬茯茶文化，彰显茯茶品质，传承茯茶技艺，传续茯茶历史。

（2）茯茶产业的发展背景

2011年1月15日，陕西咸阳泾新茯茶项目正式列入国家级星火计划，获得星火计划荣誉证书。国家星火计划是党中央、国务院批准实施的依靠科技进步、振兴农村经济，普及科学技术、带动农民致富的指导性科技计划，是我国国民经济和社会发展计划及科技发展计划的一个重要组成部分。陕西咸阳泾新茯茶项目于2009年正式启动，2010年初申请列入国家级星火计划，2010年7月25日被正式批准。茯茶小镇的建设也为泾新茯茶成为陕西省乃至国家战略高度的历史文化名牌产品奠定了基础。

2011年5月16日，泾新茯茶申遗项目"茯砖茶制作工艺"，已被陕西省文

| 谋望——茯茶小镇建设的思路 |

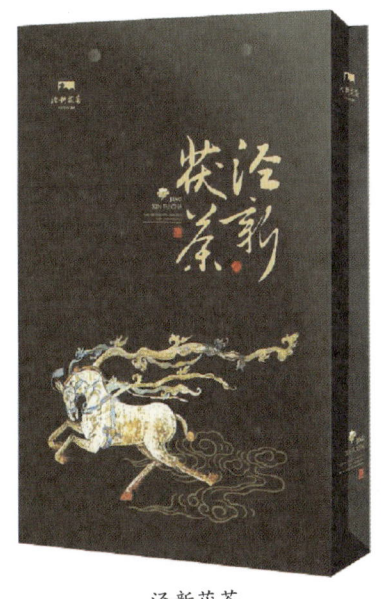

泾新茯茶

化厅正式批准为陕西省第三批非物质文化遗产名录推荐项目。为了拯救陕西传统王牌产品——拥有600年历史的茯砖茶，恢复世人倍感神秘的茯砖茶传统制作绝技。2009年，相关工作人员奔赴泾阳考察探索，在泾阳县委、县政府的大力协助下，找到了几位年逾耄耋的老茶工和一些珍贵的历史资料，还有些许的20世纪四五十年代遗留下来的残缺的原始产品及模具。随后立即组织相关人员对传统工艺技术进行了紧急的恢复性研究，并根据已经整理出的技术数据基本复制出了口感近似的"泾新茯茶"产品，使得具有六百年历史的茯砖茶制作工艺得以传承。针对发掘、整理、研究出的茯砖茶传统工艺，已经整理成文并申请了咸阳市非物质文化遗产。得到了批准后，由咸阳市送报到陕西省非物质文化遗产中心。经评审委员会认真评审和科学认定，提出第三批省级非物质文化遗产名录推荐项目名单共117项（140个单项）。其中泾新茯茶公司申遗项目"茯砖茶制作工艺"也榜上有名，成为陕西省第三批非物质文化遗产名录推荐项目。

泾渭茯茶

特色小镇建设的实践与启示

"泾新茯茶"项目的启动实施，拯救了这个即将失传文化遗产，为陕西的非物质文化遗产增加了光辉的一笔，这是陕西茶人多年来的梦想，更是陕西茶叶进入大宗茶市场建设性的一步，具有划时代的意义。在县委、县政府的大力支持下，泾阳县已成立了茶业协会，组建了人民茯茶研究所，倾全力挖掘搜救传统工艺，旨在重点扶持泾阳茯砖茶这条富有悠久历史文化的活化石。泾阳县有35家茯茶企业，每年产值共3.8亿元。茯砖茶一举成为当地龙头产业，被各级政府重视。茯茶产业在这片贫瘠的土地上焕发出新的光彩。

（3）茯茶产业SWOT分析

陕西是中国茶叶种植和茶文化发祥地，近年来茶叶的种植面积以及茶叶产量都在迅速的增长。截至2010年，陕西全省的茶园面积已超过7万公顷，茶叶年产量已超过两万吨，与前一年相比增加了7.5%和14.8%，产量的增加几乎是茶园面积的两倍，由此全省由茶叶输入省转变为输出省。目前，陕西已经形成了以绿茶生产为主，茯茶、红茶等多种茶类共同发展的局面，其中茯茶产业得到了茶产业界的认可和广大消费者的喜爱。

陕西茯茶秉承了传统茯茶的生产工艺以及品牌的核心理念，不断改进和完善生产工艺和产品品质，立志要打造属于世界的茯茶。陕西茯茶作为振兴陕西黑茶产业的支柱，自2006年~2009年对传统茯砖茶生产工艺进行恢复性研究、发掘与创新，特别是对原料选配、提香工艺和发花工艺的研究，通过合理地控制生产工艺中各环节的温度和湿度促使微生物发酵，成功总结出一套完整的茯砖茶新工艺流水线，生产出菌花香更加明显，滋味甘醇的新型优质茯砖茶系列产品。在茯茶小镇建设的时候，运用SWOT分析方法通过多角度对陕西茯茶产业进行分析，试图探索出一条适合其发展的科学、健康的可持续发展道路。

①优势分析

内含物质丰富：陕南茶区北依秦岭，南靠巴山，汉江由西向东横贯其中，地跨亚热

陕西著名品牌泾新茯茶

带和暖温带两个气候带，有发展茶叶生产的优越自然条件。产茶区降水量充沛，茶树生长周期较长，茶叶内含物质丰富。经科学试验研究证实，陕西茶叶氨基酸、蛋白质、茶多酚、咖啡碱等有效成分含量高，且比例协调又富含锌硒等微量元素，自然品质好，滋味醇厚回甘，色绿香高味浓。对陕西茯茶系列产品主要内含成分进行测定，结果表明其水浸出物含量在29.12%~46.18%，多酚含量在15.31%~30.84%，氨基酸含量在1.62%~4.60%，水溶性糖含量在3.16%~3.90%，咖啡碱含量在2.48%~4.57%之间。特别是水浸出物的含量高于茯砖茶产品标准(GB/T9833.3—2002)中规定特制茯砖茶的水浸出物含量不低于22.0%，普通茯砖水浸出物含量不低于21.0%的参考指标。

茯茶的风味十分独特：茯茶经过特殊的发花工艺制成，以其香气纯正、汤色橙黄、滋味醇和独特的品质口感深受少数民族的喜爱，并长期垄断着边销茶市场。发花的目的是通过控制一定的温湿度条件，使有益优势菌——冠突散囊菌大量生长繁殖，产生大量金黄色的闭囊壳，并借助其体内的物质代谢与分泌的胞外酶的作用，引起发花体系中一系列的物质变化，实现色、香、味品质成分的转化，因此"金花"是形成茯砖茶品质风味的特征性物质，其茂盛程度也成为衡量茯茶品质高低的重要标准。

优质原料，茶农增收：茶树鲜叶资源利用率低，大量夏秋茶鲜叶被弃采浪费，是制约陕西茶产业发展和茶农增收的瓶颈。目前，陕西有大量具有一定成熟度的茶树鲜叶，据茶叶检测中心分析是上等的茯茶原料。茯茶不仅解决了茶区优良茶树鲜叶的弃采问题，而且提高了当地茶农的平均收入。据了解，茯茶仅全年采收鲜叶一项，就可为全省茶农增加收入8000万元，带动全省茶农增收20%。

科技优势：陕西曾是茶马互市贸易中心和全国八大茶区之一，聚集了一批敬业务实的茶叶经营管理与技术型人才，具有较强的科技研发能力。近几年，在产品研发和技术开发方面与安徽农业大学、湖南农业大学、西南大学、西北农林科技大学、陕西省农产品加工研究院等全国高等院校及相关机构保持紧密的科研合作关系，促进了省校间优势互补、资源共享、互利共赢。利用雄厚的茶产业资源和悠久的产茶制茶历史文化，依托专业人才、科

茶叶科研

研实力雄厚的基础，培养专业技术和管理人才，打造品牌知名度，延伸产业链，从而加速茶产业升级换代。

②劣势分析

茯茶的发展也存在一定的劣势，陕南茶区作为中国古老的茶区之一，产茶历史悠久，茶文化底蕴深厚，是中国茶文化的重要组成部分。可是人们一般认为，云贵高原是茶的原产地，而且普遍认为西南、东南是中国的主要产茶区。所以，往往忽略了陕西在中国茶史上的地位和影响。在人们的心目中，说到浙江就会想到西湖龙井，说到安徽就会想到黄山毛峰，说到福建就会想到安溪铁观音，说到云南就会想到普洱，几乎每个产茶省都有为大众所熟知的品牌。在陕西茶叶发展史上，陕西产茶、制茶历史十分悠久，至今却没有一个国家级著名品牌，这对茶文化发展是不利的因素。由于众多历史、经济等原因影响了陕西茶业的发展没有跟上时代的步伐，作为西北地区茶叶的主销区之一，缺乏自己的核心产品，曾经声名卓著的茯茶也曾淡出了人们的视线。茯茶的发展历史是陕西在茶叶流通中重要地位的见证，也是陕西传统民族手工业的骄傲，由于一些历史的原因，这一极具陕西特色的产品被迫移往他乡，品质也随之改变，不得不说是陕西茶人的憾事，也是陕西经济的损失。

③机会

市场机遇：茯茶产品既有传统的市场，也有亟待开发的潜在市场。作为

| 谋望——茯茶小镇建设的思路 |

边销茶，大量的产品是销往西北少数民族地区如：新疆、青海、甘肃、宁夏、内蒙古、西藏等省区。尽管该地区的人们通过几百年若干代人的饮用已经形成了"宁肯三日无粮，不可一日无茶"的共识，但内地省份大多数人对茯茶的了解还是比较有限，一般饮茶的首选都不会是茯茶。随着社会经济的发展，人们的物质生活水平得到了显著提高，饮食结构也随之发生变化，城市人的"富贵病"在逐年递增。通过对茯茶在少数民族地区人们强身健体和保健功能的深入研究，人们对茯茶的认识产生了极大的转变，对茯茶的接受度迅速提高。事实上，茯茶不仅仅适合边疆少数民族地区牧民的饮用，而且非常适合全国乃至全世界人民饮用，尤其是肉类食用量增加的人群饮用，对身体非常有益。现代社会人们崇尚高品质的生活、渴望拥有健康的体魄，对健康有益是茯茶极有利的发展条件。可以预见到随着对茯茶认识的深入，喜爱茯茶、饮用茯茶的人必然会逐步增加，茯茶市场也必然越来越广阔。

　　国际机遇：2008年由北京承办的奥运会开幕式上"茶"隆重登场，茶的精髓"和"随之亮相，实现了茶叶历史上第一次与奥运会结合，也推动了茶作为一种饮品迈向国际社会。据统计，近些年来世界茶叶的消费量一直以每年3%~5%的增幅持续增长中，具有很大的市场潜力，这也为茶业的发展提供了较好的国际氛围。随着科技的进步，众多的茶叶科技工作者对茯茶的加工、品质、新产品开发以及功能性成分对人体的保健作用等一系列专门技术，进行了深入、系统、全面地研究，也取得了创新性成果，揭示出了茯茶的特有品质与奇特功能，这也为茯茶的发展奠定了科学基础。如今，人们正

北京奥运开幕式"茶"卷轴

特色小镇建设的实践与启示

在重新正视历史传统，茯茶开始被挖掘，茯茶的文化、品质、魅力又被重新认识。

政策机遇：《陕西省2008—2012年茶叶产业发展规划》明确提出打造泾新茯茶这一品牌产品，为人们指明了工作方向，使茯茶成为重振陕西茶业雄风、做强做大陕西茶产业的品牌工程。陕西省委、省政府对发展茶叶十分重视，把发展茶业作为发展绿色产业、特色产业，实现突破性发展的主要产业之一，为茯茶成为全省乃至国家战略高度的文化名牌产品奠定了一定的基础。

④威胁

进入21世纪以来，茯茶产业有了长足的发展。人们常说"下关的沱、思茅的饼、安化的卷、湖南的砖"用以赞美黑茶家族的佼佼者。传统茯茶销售区流行病学调查的结果可以显示，茯茶是当地居民膳食中维生素及微量元素的重要来源和预防疾病的主要复方制剂。众所周知，茶树是富氟植物，而高含量的氟对人体健康的双重作用也非常受人们的重视。经研究证明，氟是对人身体十分有益的微量元素，人体每天摄取适量的氟对健康有益，可以促进牙齿和骨骼的钙化，参与钙、磷代谢，提高牙齿和骨骼的强度；不过，摄取过量的氟可能导致氟中毒，产生氟斑牙、氟骨症及各种并发性病症，如磷酸酶活性受抑、肾上腺皮质功能低下、甲状腺肿大、主动脉硬化等。目前，对于茯茶中氟的相关问题，还缺乏系统性的安全性评价，茯茶中氟与单质态氟的生理作用是否存在差别也还未研究。因此，对于茯茶中氟的慢性毒理学研究，茯茶是否需要降氟，茯茶中最适氟含量等问题还有待于进一步的探讨。

3. 关中饮食文化的研究

茯茶小镇的建设除了挖掘自身茯茶文化外，其所在的关中地区更是有着数不尽的文化资源。作为旅游开发项目，让游客了解、接受当地风情最好的方法之一就是品尝当地的饮食。茯茶小镇创意小吃的想法就是吸收了关中地区的饮食文化，提取关中饮食文化的精华，并加以茯茶小镇的地域特色而产生。所以，首先要做的就是了解关中地区人们的饮食习惯及特征，梳理关中地区的饮食文化特色。

"食者，民之本也。"食物是人类赖以生存的最基本的物质条件之一。

民以食为天，食物不仅能满足人们的生理需要，更是维持人类生命必不可少的要素，在人们的物质生活中处于最重要的位置。除了物质层面的，食物也在一定程度上也满足了人们礼仪交往等精神层面的需求，具有十分丰富的文化内涵。"夫礼之初，始诸饮食。"《礼记·礼运》就有关于关中礼仪制度和风俗习尚的相关记载，而这些都是以饮食生活为开端的。发展至周朝时期，关中人已经非常重视饮食了，《尚书·洪范》将"食"列为"八政"之首。

《周礼·天官》将食官统归"天官"之列，以膳夫为食官之长，总管"王之食饮膳羞"。王之食用已有稻、黍、稷、粱、麦、苽等六谷，膳用马、牛、羊、豕、犬、鸡等六牲。《周礼》《仪礼》《礼记》对客食之礼、待客之礼、侍客之礼、桑食之礼、宴饮之礼、进食之礼，都作了具体的规定。至东周时期，饮食所用器皿、菜肴烹制的方法以及饮食的礼节都有了进一步的发展。秦汉时期，关中人以黍、粟、麦、菽、稻等五谷杂粮为主食，辅之以蔬菜和肉类。在这一时期，南、北地区主食的区别和特点已经逐步形成，南方是以食稻米为主，北方是以食麦为主。而关中人已经开始用麦面制作成麦饼、麦饭、麦粥等食品。当时制作出的麦饼，有三种不同的制作方法，分别是：蒸、烤、煮。蒸制的成品非常类似于现在的馒头，而烤制的成品就类似于现在的烧饼，煮食的又分有煮饼以及类似于现在的面条的"汤饼"或"水引饼"。麦饭的制作方法则与现代有所不同，是将麦粒蒸熟或者煮熟以后晾晒成干的食品，称作"糒"或"糗"。麦粥就是将麦粒去皮后煮成的粥。

《急就篇》颜师古注即谓："麦饭，磨麦合皮而炊之也。"至秦汉时期的副食有蔬菜和肉食品两大类。蔬菜有芹菜、芥菜、笋、藕、萝卜、菠菜等，相传西汉淮南王刘安已经发明了豆腐。发展至唐代，胡食的流行成为关中饮食的一大特点。胡食的称谓始于汉代，随着丝绸之路的开通，张骞将域外的瓜果菜蔬引入关中，如胡瓜、胡麻、胡桃、胡豆、胡椒等也随同域外文化一并传入内地的，包括还有域外的饮食方式和烹饪手法。长安城中流行的胡食，主要有胡饼、烧饼等，在一定程度上丰富了关中人们的饮食种类。

关中的各个地区在其长期的生活实践中，也创造出了许多具有地方特点

特色小镇建设的实践与启示

的饮食,如西安的牛羊肉泡馍、葫芦头泡馍、水晶饼等,鄠邑的摆汤面、辣子疙瘩,秦镇的米面凉皮,西府岐山的臊子面,乾县的锅盔、豆腐脑,三原的担担面、金线油塔、蓼花糖,东府潼关的酱笋,澄城的水盆羊肉,大荔的带把肘子、张口饺子、蜜汁葫芦,临潼的名特食品更多,有三宝:骊山石榴千年宝,代王火晶相桥枣。五味:穆寨香椿行者藕,华清韭黄佛开口,零口甜瓜糖葫芦,任留白菜天下数。八珍:新丰醪酒口乐,桂花醪糟宴客,油怀腊肉饦饦,斜口罐罐蒸馍,相桥石子打馍,铁炉凉粉饸饹,栎阳泡糕不错,清真牛肉盒盒。其各具特色,异彩纷呈。

茯茶小镇
关中风情小吃

关中地区的饮食文化积淀深厚，除了食物种类外还有相应的礼仪及仪式，当然我们无法将其全部收集在茯茶小镇之中，但只要我们充分了解关中地区的饮食特色，便可以将其精髓及代表作重现于茯茶小镇之中，为小镇吸收本地饮食文化的精华，为小镇的创意小吃注入新鲜能量。

4. 关中音乐文化研究

谈起关中的音乐文化，人们首先想到的肯定就是秦腔，但其实关中地区的音乐文化远不止秦腔这一种，关中地区从古时起就有着灿烂的音乐文化，奠定了陕西民间音乐的地域特征，发展至近现代还有许多的优秀民歌、民谣、儿歌等。不可否认的是，近些年来关中地区的音乐文化发展并不十分乐观，一些民歌甚至已经销声匿迹，再无法找寻。本地的音乐、戏曲文化涵盖着了本地的历史、地理背景，对此的研究不仅可以在茯茶小镇中以还原手法再现关中音乐文化，树立品牌特色，同时也能从不同角度审视该地区文化资源，有助于我们对茯茶小镇的建设及发展有着更宽广、更全面的认知。

（1）古代音乐文化

"秦地于禹贡时，跨雍梁二州，诗风兼秦豳两国。"秦始皇陵附近出土的乐府钟，可以证实"采诗夜诵"的乐府机构早在秦代就已经建立了，其后汉代相和歌、唐代曲子，都相继产生于关中地区。另一方面，自公元139年张骞出使西域之后，中原与西域之间的物质交换、文化交流越来越频繁，甚至"灵帝好胡服、胡帐、胡床、胡坐、胡饭、胡空侯、胡笛、胡舞，京都贵戚皆竞为之。"发展至隋唐时期，不仅"九部乐""十部乐"中出现"康国""安国""天竺"等大量胡乐，而且在南北朝直至唐末之前，来自西域的音乐家约有50多位，如苏祗婆、曹妙达、曹刚、康昆仑、白明达等，为此时音乐文化的兴盛注入了新鲜血液。"可以毫不夸张地说，整个一部中国古代音乐史，约有一半的历史时期是与陕西密切相关的。"在西安、咸阳、宝鸡、扶风、凤翔、眉县、安康、西乡、绥德考古发现的大量古代乐器、乐舞画像砖石，就是最好的证明。

（2）近现代民歌、戏曲的发展

关中民歌是流行在秦岭以北地带，北山以南这一素称"八百里秦川"的关中地域民间歌曲的统称。关中地区包括四市一地区53个县（市、区），自西周开始，共有秦、汉、隋、唐等13个王朝在此建都。而关中民间音乐的形成十分早，并且有历史久、品种多等特点。从内容上而言，主要有稚趣盎然的儿歌、反映时代特色和人物的民谣、反映现实生活的民谣、反映地方风光和物产的民谣等等；从形式上而言，有的简明扼要、诙谐幽默，有的针砭时弊，语言辛辣，有的充满感恩，热情讴歌，有的低声倾诉；在表现手法上，多采用身边的人或事物，动物以及植物来反映时代的变迁等内容。一方水土养育一方人，以关中为主体的秦地秦人，素来以秦腔为其抒发情怀、评说事理、寄托理想的主要形式，这是近现代发展的客观现实。但若是要从渊源考究，秦地民歌、民谣等说唱艺术还可以被称为促成秦腔产生的主要因素之一。只是发展到近代，在社会广泛需求和官方大力倡导的情势下，秦腔发展兴盛，其他的关中民歌发展渐衰。作为陕西重要的命脉所在地的关中，近年来可以呈现出的民间演唱，几乎是清一色的"群众秦腔大赛"，这也使得原本就不怎么兴旺的民歌渐渐消失，实在令人十分遗憾！

通过对有关资料的分析研究，学者指出陕西民间音乐可分为以民歌为主要代表的陕北，戏曲、器乐兴盛的关中，种类多、影响小的陕南三大综合音乐文化区。戏曲、器乐兴盛的关中从《戏曲音乐志》剧种表所载23种戏曲的形成地来看，其中12种戏曲剧种产生于关中，7种产生于陕南，4种产生于陕

秦腔表演

民歌演唱

北,源起于关中地区并以源起地为中心流传区域的戏曲约占陕西全部戏曲种类的52%。

国家级器乐类"非遗"项目,关中地区占10项,陕北、陕南各占两项。如果仅看国家级项目,关中有4项,陕北、陕南各1项。另外,西安鼓乐这一具有悠久历史的器乐乐种,是仅流传于西安市及郊县一带的关中独有乐种,也是陕西省唯一一项被联合国教科文组织正式认定的"人类口头和非物质遗产代表作"。因此,关中地区最为兴盛者为戏曲与器乐。

通过以上的简述我们可以清楚了解到关中地区深厚的音乐文化,这也让我们作为一名普通的茯茶小镇建设者感到了深深的责任感。挖掘关中地区的音乐文化已经不仅仅是为茯茶小镇打造一处亮点,树立一种品牌形象作为游客的吸引点,同时更能为陕西民间音乐的发展起到一定的推动作用,让更多的前来小镇游玩的人认识到关中地区优秀的音乐文化,为关中音乐文化的传承与发扬贡献自己的微薄之力。

5. 关中民俗文化研究

关中地区的地势平缓,土地富饶,物产丰富,气候怡人,十分适宜人居,是中华民族发祥地之一。在经历了数千年历史文化洗礼,积淀了数之不尽的民俗文化,这片土地上孕育出了无数的文明。研究关中地区的民俗文化无疑对茯茶小镇的产业发展有着极大的帮助,茯茶小镇可以将关中民俗文化

进行展示,融合地域特色发展出独一无二的旅游产品;在景观设计上也可以充分融合民俗景观。只有立足于本地文化,充分发挥地方特色,茯茶小镇才能有基础塑造自己的特色品牌。茯茶小镇努力将关中民俗文化以物质形态实质(如地域建筑、地域景观)与非物质形态(如民俗风情、历史文化)的形式展现出来,在保护好这个文化遗产的同时,也更好地将关中地区的传统民俗文化发扬光大。

从古至今,关中平原就是一个比较独特的地理区域,东有函谷关,西有大散关,北有萧关,南有武关,可以说是处于群山环抱之中,其地理位置是十分优越的。而关中平原的气候也比较温和,土地肥沃,物产丰富,交通便利,从古至今历来都是兵家必争之地。"关中自古帝王州"先后有十几个王朝在此建都,这使得关中地区有着十分深厚的文化积淀,而人们的精神文化生活也是十分的丰富。尤其是"北宋五子"之一的张载在此创立了"关中学派",一大批笃信关学的大儒们,把孔孟儒学以新的形式在关中大地进行传播,从而形成了独特的关中文化。而影响关中文化的核心就是关学。

(1) 关学的渊源和发展

关学是中国传统文化的重要组成部分之一,它是在北宋佛教对儒学造成严重威胁,赵宋王朝积贫积弱时,在关中地区逐步形成的一个独特的理学学派。在学术界,对于关学的研究及界定一直没有停止过。以陈俊民先生为代表的一些学者,认为"关学不是历史上一般的'关中之学',而是宋元明清时代关中的理学"。而以侯外庐、张岂之等为代表的一些学者,则认为"关学当时与洛学、蜀学相鼎峙,但北宋亡后,关学就逐渐衰熄"。前者可以理解为是广义的关学,是针对其地域文化而言的。后者就有其相对的局限,有一定的时空界域,可以理解为狭义的关学。北宋中期,张载创立关中地区的理学,与湖南周敦颐的濂学,河南二程的洛学三足鼎立。这三大学派又与朱熹的"闽学"并称为宋代四大学派。关学重视躬行实践,发扬实学学风,可以说是走向了笃实重礼的道路。在张载的时代中"关学之盛,不下洛学"。而在张载之后,关学分成了三原学派、关中心学和关陇学派,仍有无数后人继续不遗余力地发扬着关学。从北宋至清初这七百年间，经过众多学者的探索研究，形成了独特的关学精神，为中国学术史、哲学史都作出了重大贡献。尤其是对关中人们的民风民俗、人格精神的塑造产生了至关重要的影响。

关学自北宋张载建立到清代李二曲结束，中间虽然有起落，但仍然是一脉相承沿袭下来的。从北宋张载的"以礼为教"，吕氏兄弟的《吕氏乡约》，到明代冯从吾的关中书院，最后到清代"关中三李"的躬行孝道、崇尚气节，关学的这些思想发源于关中，流行于关中，而这些北宋到明清的关学代表人物，不仅对关学的发展起了很大作用，而且对关中移风易俗有很大影响，形成了关中人刚毅厚朴、务实重礼、崇尚气节、躬体力行的气节。关学发展的最大作用就是将儒家教化思想由官方推广至民间，由士人推向百姓。以张载为代表的关学大儒们大多淡薄富贵功名，不为强势而屈服，恪守儒家核心的伦理道德。《明儒学案》中说："关学学者'多以气节著，风土之厚，而又加之学问者也'。又因为关中地区自古自给自足、安土重迁，才使得关中人养成了自我满足、安逸松散的意识。"由于关学在关中地区的发展及传播，使得关中的经济、文化，包括民风民俗、礼仪等方面，甚至是关中人的性格塑造等，都承袭着关学文化的精神。关学以重使命、崇道德、尚气节、求实用、贵兼容为主要精神内涵，是中国传统文化的重要组成部分，塑造了关中人坚韧、耿直、质朴的文化性格和关中学者勤奋、求实、严谨、有责任心、有正义感的精神品格，并且一直延续至今。

（2）家族文化

中国发展了两千多年的农业经济社会中的基础构造就是家族制度，具体是指以某一男性为中心，由直系男性后裔及其家庭依照一定伦理规则而组成的血缘群体。传统的家族文化强调"尊祖敬宗睦族""百善孝为先""光宗耀祖"等观念，人们崇拜祖先、祖宗之法为至高无上、不可撼动的权威，"崇祖"观念也是维系整个家族最有效的凝聚力。同时，家族社会内部礼仪如"家礼""家法""家范""家诫"等有效的约束和规范了家族成员的行为。在关中文化中，建立在祖先崇拜和血缘关系基础上的宗族观念根深蒂固，这也是家族成员归属感的来源所在。

特色小镇建设的实践与启示

在世界经济、文化不断交流融汇的今天，很多地方的生活方式和民间礼仪都产生了一定的共性，但是仔细研究还是可以发现每个地区总有那么一点点和其他地方不同的文化生活方式，这些微小的差异，可以说就是这个民族或是地区不能也不愿意改变的地方，也往往就是这个民族或地区最本质、最核心的文化。在几千年历史发展过程中，周秦时期的礼俗在不同时代也会有不同的变化。而位处内地的关中地区难得地保存了大量的古代礼俗，很多礼俗都是直接承袭周文化而来，具有质朴纯正、崇尚礼制的民风特点，反映出周代礼乐文明在当时的繁荣以及对后世深远的影响。

（3）节日庆典民俗

①祀土地神

关中地区人家都设有堂祀土地神。《礼记·月令》中有记载："中央土。其日戊己，其帝黄帝，其神后土。其虫倮，其音宫，律中黄钟之宫。其数五。其味甘，其臭香。其祠中霤，祭先心。"民以食为天，食以地为本。土地是农人的衣食父母，土地是农人心中的神灵。"社稷"成为国家的代称。土中生白玉，地内产黄金，土地能源源不断地为人类提供食物。土地神和社坛是同一回事，农历二月二是"社日"，即土地神的生日。每年农历二月二，家家户户都要炒五谷豆类食用，"二月二，驴上料"这是西府人对自己开心的调侃。二月二吃豆子这一民俗在深层意义上是在感念土地神的恩赐，充分表现了农人对土地的尊崇和敬爱。

②祭灶

腊月二十三是祭灶日。西府每家每户厨房中都供有一龛，祭祀灶神。民间认为，灶神原来是给人帮灶的小伙子，家里很穷困，后来被玉皇大帝女儿看中并成亲。玉皇大帝虽不同意，但又没有办法，他不想让女儿受穷，于是委派女婿作"灶神君"，掌管民间烟火，实际上是各家的"司命主"，他要了解人间善恶，在每年腊月二十三上天汇报一次，作为玉帝赏善罚恶的依据。所以每年腊月二十三，家家户户都要送灶神上天，灶神上天汇报一年工作，陈说人间善恶，在除夕深夜才回来，所谓"腊月二十三日去，新春初一五更来。"除夕熬夜守岁就是等灶神君回来。关中民俗在腊月二十三要烙

"灶干粮",就是让灶神在路上吃,期盼他"上天言好事,下凡降吉祥"。

③迎腊八

《礼记·郊特牲》:"天子大蜡八。伊耆氏始为蜡,蜡也者,索也,岁十二月,合聚万物而索飨之也。蜡之祭也:主先啬,而祭司啬也。祭百种以报啬也。飨农及邮表畷,禽兽,仁之至也,义之尽也。古之君子,使之必报之。……八蜡以记四方,四方年不顺成,八蜡不通,以谨民财也。顺成之才,其蜡乃通,以移民也。既蜡而收,民息已。故既蜡,君子不兴功。"古"索"字读音与"蜡"近,故借为"蜡",蜡是周代十二月索飨鬼神之祭。举行蜡祭之后,就可以敛藏农作物,可以休息了。关中民间腊八节的习俗主要是熬腊八粥,旧时要将腊八粥在户外、树上涂一些,就是希望八神歆飨。民间还有庙会等大量的节日庆典礼俗,这些礼俗和本地的农事活动相辅相成,张弛有道,形成了农人特有的民间生活方式。以农为本,顺应天时,礼敬人伦,遵从秩序,是其明显的特点。

(4) 游艺民俗

关中的游艺民俗以追求生命的诗意生存为本质,体现出农人对生命的独特理解和诠释。其中以社火最具代表性。社火是西府游艺民俗的重要组成部分。正月时节,民间会有大量的社火表演。装扮社火的过程非常严格,要给表演者画脸、着装、组合、搭配、排队,旧社会社火表演全部骑马,谓之"马社火",最后再配以大型锣鼓队,队伍很长,声势浩大,场面热烈。社火表演的题材多取自神话、戏曲、小说、民间故事,如封神榜、三国演义、白蛇传、八仙过海等等。在宝鸡市陈仓区赤沙镇还有一种非常独特的"血社火",社火中的人物被刀砍斧锯,肠肚外溢,惨不忍睹,尤其是刀剑已刺入人腹中的形象极为逼真,具有震撼人心的艺术效果。这种社火装扮时秘不示人,只在暗室中操作。表演完后人物毫无损伤,堪称一绝。血社火实际上起着惩恶劝善的教化作用,告诫民众如果作恶多端就会像社火中的人物一样被处极刑。社火滥觞于周人的傩舞。周人的傩舞表达了祈求风调雨顺来年丰收有成的愿望,延续至今的社火也是农人对真善美的崇奉和对假恶丑的批判,表现了农人对生命的诗意追求与丰富的想象力。

耍社火

（5）工艺民俗

"我们研究了所有民族的艺术品后发现，艺术品的数量完全决定于人们空闲时间的多少。"关中的泥塑、社火、脸谱、木版年画、剪纸、刺绣、草编、面花、布艺品、皮影、纸扎等工艺品种类丰富，数量繁多，这种充盈丰富的生活艺术很大程度上取决于当地的农业生活方式。关中地区以种植冬小麦为主，同时也配以高粱、谷类等作物，这些生长期较长的农作物给人们提供了充裕的时间，使得各种艺术生活和民间习俗的发展都有了保证，可以看到关中民俗具有以农事为本的显著特征。

关中传统的民间手工艺术水准极高，有十分重要的艺术价值。比如，凤翔三绝："东湖柳、西凤酒、姑娘手"。其中姑娘手指凤翔姑娘具有高超的手工艺术。脸谱、木版年画、剪纸、刺绣、草编、面花、纸扎等工艺品种类繁多，形式多样，造型奇特，很多形象都能表现出农人特有的理念和思维方式。

关中地区农人给孩子做的服饰也极具艺术价值。蝎子、蛇、壁虎、蜈蚣、蟾蜍等"五毒"在农人眼里，是能与人和谐相处并给孩子充当保护神的

| 谋望——茯茶小镇建设的思路 |

关中皮影

关中泥塑

灵物，即能以毒攻毒，所以这些"神虫"被大量地制作于袖口、鞋头等位置。虎头鞋静中有动，虎虎生威，猪头枕憨态可掬，颇具生气。而剪纸是西府民俗的一朵奇葩，剪纸的题材多来源于民间日常生活，又经过适当夸张变形，有些剪纸中的纹饰竟和出土的几千年前的文物纹饰一模一样。剪纸中的纹饰多是生活场景，逼真自然，栩栩如生。

由于所处的地理位置比较封闭以及本身民间风俗自身的特点，关中地区至今仍保存着很多从古时期流传下来的民间风俗。关中民俗的重要特征就是非常重视农业生产，以农为本，用艺术化的方式重现了农业文明的特征。我国长期处于农业社会文明之下，以农为本的民俗特征其实质是对生命存在方式的执着追求，同时起到化解现实生活烦闷的作用，表现出了农人强烈的生命意识以及生生不息的奋斗精神，可以说是具有极高的艺术价值和魅力。

凤翔泥塑

（6）关中武术文化

在陕西关中，每逢年节集会或收获播种后，为了表示欢庆喜悦的心情，十里八乡的村民，往往会聚集在一起，在买卖交换各种生活用品，摆卖各种小吃特产，请戏班子唱戏之外，还会有一些"耍家子"（武术拳师）聚拢到一起打拳卖艺或是表演武术，十分的热闹。武术来源于古代的狩猎和战争，是搏斗技术与经验的总结。关中地区物华天宝，人杰地灵，尤其是长安，是我国的十三朝古都。尤其是周、秦、汉、唐时期，它一直是全国政治、经济和文化的中心地区。因此，在古代的生产斗争和阶级斗争中孕育产生的武术文化，在以长安为中心的关中地区有着丰厚的遗存。我国武术萌芽于原始社会后期，商周时期武王伐纣，春秋战国时期的群雄争霸，都是在冷兵器的格斗中进行的。有兵器格斗，就有以提高其战斗能力的武术训练。当时，无论

| 谋望——茯茶小镇建设的思路 |

茯茶小镇的皮影

是凤鸣岐山的关中西部,还是周都沣镐的关中中东部,都有武术流传。特别是在秦朝时期,由于争霸和统一,用于提高民众和军队战斗力的武术更是流行。秦兵凭借着锐利的武器和非凡武技,所向无敌,统一了天下。汉朝时期,武术更为流行。当时,许多擅长武术的游侠大都集中在长安和关中地区。汉武帝凭借武力南平越夷,北征匈奴,建立了强大的汉帝国。隋唐时期,军旅武术更上一层。武则天首倡武科,把文武两科取士纳入国家的人才制度中,极大地活跃了民间武术,可谓是对中国武术的极大贡献。当时的长安,民间习武之风兴盛,武术流派纷呈,全国各地许多人到长安拜师学艺,长安的各种武术也流传到各地,影响着各地武术的发展。唐以后,随着国家行政中心的东移,长安虽不再是首都,但由于它仍是国家的西陲重镇,其习武之风并没有衰退。武术文化作为长安文化的重要内容,在长安及关中地区依然有着丰厚的积淀。

我国传统文化最重要的象征之一就是民俗文化,是我们中华民族的文化之根。民俗文化起源于生活在社会之中的人们的具体需求,在特定的时代、地域和民族中结合当地的风土而不断地扩大和演变,最终为民众的日常生活提供服务。但如今,为数众多的民俗文化正随着社会现代化的发展而逐渐逝去,部分甚至早就消失了。从其实质来看,民俗文化是一种非物质文化遗产,这也就决定了其无法脱离民族特有的生产、生活方式,是地区、民族的个性、审美、生活习惯的生动表现。民俗文化不仅要靠口头传承,更需要行为方式的传承。是一种祖辈相传的传统文化,这种传统文化同时也涵养着我们中华民族的独特个性,促进了民族凝聚力的形成。但我们也可以看到,民俗文化是非常脆弱的，它虽然早已经成为民众生活中不可或缺的重要部分，但是随着当今社会的高速发展，民俗文化也在逐渐被人遗忘，在逐步消失当中。我们积极对关中民俗文化的挖掘是希望各种民俗文化在为茯茶小镇的产业发展、景观设计等提供有力支持的同时，也能带动关中地区民俗文化的传承，不让其消失，最大力度的保护我国的传统文化、民族之根。

6. 其他非物质文化遗产研究

如前面所提到的对传统文化的传承，除了民俗文化外还有其他的一些非物质文化遗产可以发掘。我国非物质文化遗产保护的一个大宗对象是民俗，民俗文化也在非物质文化遗产保护工作中得到了空前的社会关注。与此同时，民俗学也获得了很多机会，去整合资源、增广领域和拓展自己。下文就对其他的非物质文化遗产进行研究。

（1）关中民间工艺美术

关中作为华夏文明的发源地，其民间工艺美术由来已久，种类繁多。其中有泥塑、挂片、立人、枕头、布偶、花帐、蒲团、荷包、大挂壁、香包、拴马桩、剪纸、皮影、漆画、皮影、风筝、面花等、蜡塑、草编、麦秆画、烙画等等。随着时间的推移，文化生态环境的演变，民间工艺美术已经淡出人们生活，有些民间工艺美术甚至已经失传，目前流行的工艺形式经历了岁月的积淀和历史的淘汰，已成为精华。布艺品、泥塑、年画、剪纸、面花、石狮、皮影、拴马桩等手工艺品是在关中较为普及和流行的几种形式。这几种手工艺品运用了不同的物质材料，具有不同的物质的实用功能和文化功能，能够代表关中民间工艺美术的整体风貌，具有典型性和普遍性。

民间工艺美术的内容和题材与现实生活密切相关，有些直观反映现实生活，包括吃穿住行用等日常题材，有些则通过"求善"的方式传达人们的情感需求。题材是艺术创作首先要面临的问题。艺术家在经历丰富的现实生活的基础之上，首先对生活有直观的心理感受，并通过自己的知识背景对其进行判断和加工，合适的内容将经过思考，加工、提炼为丰满的内容，用恰当的艺术语言进行表达，从而形成完整的艺术创作。民间艺术的传承以口传身授为主，创作题材在漫长的历史中形成了较为固定的模式。不同地区的民间美术题材也存在一定的差异,这种差异性与空间距离基本成正比关系,而民间工艺美术也会因人口迁移、文化交流等因素而改变这种关系。但基本上以地域范围为主要的差异因素。

茯茶小镇中的关中民俗物品

关中民间工艺美术是民间文化的载体,既有反映民间现实生活的题材,也有较为程式化的题材。关中年画既可以以连环画的形式表现若干个生活场景,如《男十忙》,也可以通过具体形象的塑造来表现神灵鬼怪。剪纸和皮影两者类似,通常表现陕西秦腔戏曲故事中的经典人物或某个故事情节中的经典场景,或刻画民间流传的神话故事中的人们臆想出的神话人物。面花、布艺和泥塑作为色彩丰富、形式多样的雕塑,在艺术语言上有更大的发挥空间,能够更加准确地表现艺术的主题,即将不同的动物、不同时间生长的花鸟鱼虫经过艺术构思表现在一个作品当中。艺人的创作可以不用遵循现实条件,完全根据自己的想象进行"天马行空"的创作,例如面花"虎头龙身鱼尾大谷卷",就是将三种动物结合变换成的一种奇异动物,在整个面塑上还会装饰菊花、小鸟、双龙戏珠等,内容十分丰富。再比如凤翔泥塑"卧虎",老虎的鼻子面下用弹簧装饰两根小红椒,以表现老虎的威武,头上和尾巴上装饰蝴蝶和花卉以强化老虎可爱的一面。

(2)平面类

目前考古发现的最早的剪纸实物是1959年在新疆吐鲁番火焰山附近的阿

斯塔那墓出土的南北朝时期的团花剪纸残片。在造纸术发明以前，人们在青铜、玉器、兽皮、树叶、丝织品、金银铜等饰物上进行的平面镂空饰刻，是剪纸艺术的原始形态。据考古发现，商代已经出现镂空花纹金银箔片，战国时期出现了镂空鎏金技术和金银错、刻画错、透雕等装饰技艺。宝鸡现今仍广泛使用银箔剪纸，装饰面花、礼馍、蜡烛、亭子、花帐、布艺品等。关中剪纸主要有剪刻和染绘两种刀法。一般贴于顶棚、暮窗、炕墙等地方，也可用来做鞋子的粉本。表现内容包括自然的花草树木、鸟鱼虫兽和神话传说、社火、戏曲故事等。

关中年画主要分布在西部历史古城凤翔，被国外收藏家赞誉为"东方智慧的结晶"。历史上相对发达而现代相对滞后的交通构成了历史上木板年画生长和传承的特殊地理环境。据《西风世兴画局》记载，凤翔年画始于唐、宋，盛于明、清，经历了万顺画局、荣兴画局到世兴画局的变革。内容以人物为主，主要分为门画、十美画、风俗画、戏剧故事画、神马画、窗花画等。

布艺是女红文化的物化形式，是布类制作工艺的总称，是以布为主要材料，经过缝、绣、拼、贴、缀、搐等手法制作而成的美术品。涉及的工具有针、锥、刀、剪、顶针、筥箩、绣圈、夹板、护指等，材料有布、线、填充物等。关中的布艺品以千阳最负盛名，千阳位于关中西陲的一个山区小县。主要包括生活用品，如圆枕、耳枕、玩具、禁忌偶、衣服、鞋帽、鞋垫、门帘、手帕，民俗用品如挂片、香包、包夹、花账、蒲团等等，是实用与审美的完美结合。在人生礼仪和祭祀节令中扮演着重要的角色，布艺中的动物形象以动物为原型而创作，有着"拟生"的创作意识，并将人们的主观情感和观念渗透其中，因此，布艺品与人们的物质生活和精神生活有着密切的联系。

（3）软雕塑类

陕西面花又称礼馍、花馍、面塑、馄饨等，当地人称其"花花馍"，以渭南面花种类最为繁多，形式最为精美，主要分布在渭南的华县、华阴、大荔、合阳、韩城等地。面花的历史源远流长，兴盛于陕西，这与陕西历史悠久的农业发展密不可分。唐宋时期小麦已经成为当时最普遍、最重要的粮食

| 谋望——茯茶小镇建设的思路 |

茯茶小镇"关中女红"店

作物,唐代的蒸饼就是今天的馒头,并且主要用来祭祀。在清朝,民间已经出现了专门制作面花以应时节礼俗的作坊和艺人。面花的饮食文化逐渐地被赋予了民俗文化甚至宗教文化。其不仅是饮食物质文化的载体,同时也蕴含了丰富的精神文化传统,与人们的生产活动和信仰习俗联系紧密。

(4)硬雕塑类

关于泥塑,相传早在600多年以前,明太祖朱元璋部下的第六营士兵曾屯扎于此,因该地有三条重要通道交叉,故当时把这里称作"六道村",也因驻军属第六营,故改为六营村。追随义军的江西景德镇艺人们只好在六道村屯营垦荒,安居乐业。屯扎于此的兵营就逐渐发展成了一个村落,农忙之余便重操旧业,用当地一种黏性很强的观音土(也叫板板土)制成各种动物模型的土坯,等晒干后按照自己的喜好再在泥坯上描线画彩,最后制成生动活泼形态各异的泥玩具。泥塑主要包括空心泥人、挂片和泥塑玩具三种。关中有拴马桩,以东府最多。拴马桩最开始并不是用来拴马,而是用来辟邪。例如在陕北地区,打窑洞时遇到窑洞对面山形不规整的山口,民俗视为邪

茯茶小镇的关中花馍

茯茶小镇的花馍装饰

恶,房主人要打一圆孔石条,立于门前以镇之,这个圆孔是民间美术中一种镇宅辟邪的符号。石条上常雕以狮子、"八蛮进宝"与"猴吃桃"等吉祥内容图案。

茯茶小镇的空心泥人

(5) 色彩的运用

在染织技术较为落后的传统社会,民间工艺美术色彩均使用植物性染料和矿物质色彩,浓艳典雅,间色使用较少。不同地区的人们对色彩审美的心理需求不同,影响了民间工艺美术中色彩语言的表达。比如红黄配在有些地方特别受欢迎而在另一些地方被认为是十分不得当的搭配。再比如山西的布老虎和高密泥塑老虎以黄色为主,具有一定的写实性,而陕西的布老虎有红色的,也有黑色的,泥塑老虎更是红绿相间的花老虎。色彩不再以表现客体的原貌为主,而是借助艺术语言表达心中的意象。关中民间工艺美术整体色彩以对比极其强烈的红色和绿色为主,色彩大胆醒目,具有强烈的视觉冲击力,在我国民间工艺美术的配色中有一定的代表性。色彩的使用与工艺技

术、审美趣味及人们所赋予的文化内涵密切相关。红色代表红红火火，是喜庆的象征；绿色代表长寿；黄色代表富贵等等。

关中民间工艺美术深受中国传统文化的浸润，其色彩以五行色为主。在春秋战国时期，流行五方配五色之说，白、青、黑、赤、黄分别与金、木、水、火、土，西、东、北、南、中及白虎、青龙、玄武、朱雀、无极相对应。整体而观，在关中民间工艺美术中，红色（大红和洋红）使用最多，绿色次之，黄色较少，黑色和白色根据需要搭配使用，对彩色起到补充和调和的作用，偶尔也会使用少量的蓝色和紫色等，但不常见。红色是五行色之一，在中国传统文化中是最重要、最具有代表性的颜色，浓艳喜庆，十分醒目。从色彩学的角度来讲，红色在可见光谱中光波最长，容易引起视觉上的冲击感和扩张感，能够使人产生兴奋、激动、紧张的情绪。在科学不发达的古代，人们认为红色可以辟邪，宫殿、庙宇的墙壁和官吏的服饰均以红色为主。红色既是血液的颜色也是火光的颜色，火光可以吓跑怪兽，而流血也意味着死亡。因此在原始社会人们认为红色可以吓跑任何会给自己带来危机感的事物。随着时代的变迁，这种尚红的传统一直被保留下来，在关中民间工艺美术的创作中表现地尤为明显。在民俗文化活动中，红色的原始崇拜意味慢慢地转化成了吉祥喜庆的传统，在民间艺术中占有十分重要的地位。凤翔泥塑中的"虎头挂片"和"坐虎"都是用来辟邪镇宅的工艺美术。李雅楠从群众艺术馆的田野调查中了解到，传统的泥塑的主色调都是以红色为主。早期的泥塑以大红为主色调。千阳的传统布制品艺术以红黑白为主，搭配少量的绿色和蓝色。黑色为主的布艺品与秦人尚黑的传统不无关联。关中的面花色彩最为丰富，较泥塑和布制品颜色更为轻淡，有粉色、洋红、绿色、黄色、蓝色等。之所以会有这样的差异是因为面花由小麦粉制成，不易于保存，现在所能看到的面花色彩都是在市场上买的化学颜料，所以很难看到传统面花的色彩。在关中民间工艺美术中黑白色也使用较多，在泥塑、年画和布艺品中比较常见。

（6）艺术风格

因地域文化的不同，中国民间工艺美术可宏观地分为粗犷豪放的北方艺术和细致秀丽的南方艺术两种风格。中国人多地广,拥有五千年悠久的历史传统,根据地域和文化的差异可以分为成千上万种民间工艺美术的类别。陕西位于中国西北地区东部的黄河中游,接壤的省份最多,南北狭长,因此陕西的民间艺术也呈现出从北到南的风格变化。仅仅在陕西内部,就大致以其地域特征分为三个类型。

渭河以北,与甘肃、宁夏、内蒙古接壤的陕北地区,其民间工艺美术粗犷奔放、原始稚拙、淳厚简洁;秦岭以南的陕南艺术风格较为秀丽;渭河以南、秦岭以北的关中地区是陕西的中部,自古以来都是经济、政治、交通的中心,是中国正统文化的重要组成部分,正统文化与民间文化在这里相互交融,其艺术风格既有北方草原文化的浸染,也有南方楚文化的熏陶,呈现出一种兼容并包的艺术风格。

7. 小结

茯茶小镇集合了关中地区的饮食、音乐、民俗文化等众多极具地域特色

茯茶小镇的关中民俗物品

的文化，将其与产业结合，使得小镇四处充满了鲜活的生活气息，这也成为小镇的亮点，吸引着游客们的探访。关中文化并不能单纯地说是一种北方文化，它融合了各种文化，具有很强的包容性。茯茶小镇的产业与关中风情达到了完美的结合，促进小镇产业发展的同时也对推动关中文化起到了积极的作用。

茯茶小镇处于关中地区这片宝地，在关中地区不仅演绎了悠久的历史，也孕育了许多绚丽多彩的民间艺术，许多已经被列入了第一批国家级非物质文化遗产的名单，这些列入遗产名单的民间艺术是幸运的，它们将受到正规的保护和研究，这些文明的薪火也会以此形式继续流传。但保护不单纯是保护名单上的遗产，而是人们共同创造的遗产和文明。在关中就有许多值得去研究和保护的非物质文化遗产，这其中独具特色，精致绚丽，承载着关中民风和秦川遗韵。

文化的力量源于生命的精魂，历史的丰盈源于蓬勃的血脉，对文化的传承与发扬是茯茶小镇建设中最为重要的原则。非物质文化遗产是人类智慧的结晶、生命的记忆，是人类永恒的精神家园；这个世界之所以色彩斑斓，正是因为一切文化遗产为我们创造了多元化生存和多样化文明的种种可能。因此茯茶小镇在建设之初就确定了"让传承不再守望"的理念，并要在今后的建设中不断践行。

二、析情——中国人的乡土情怀与乡情怅惘

1. 乡愁体验地——茯茶小镇

中国作为农业大国发展时间长久，土地在很长一段时间里是人们赖以生存的基础，人们离不开家乡的那片故土，对乡土的热爱已经融入心灵深处。不论身在何处，对家乡土地的留恋都始终无法忘怀，故不论进行什么样的城乡规划建设活动，乡土情怀都是必须要考虑的，茯茶小镇的建设正是由慰藉人们的"乡情"出发。下面就先来简单谈一谈，什么是中国人的乡情。

古往今来，人们对家乡的热爱与思念一直延绵不绝。多情的诗人们更是将思乡作为了不衰的主题，即便是"仰天大笑出门去"的李白，身处盛唐，

中式传统住宅

也发出了"故乡不可见,肠断正西看"的感慨。

从古至今人们都眷恋家乡,并赋予"家乡"诸多定义,有诸多诗句为例:"君自故乡来,应知故乡事""近乡情更怯,不敢问来人""露从今夜白,月是故乡明""人归落雁后,思发在花前"等。这里乡邦、梓里、乡关、故园都是祥和、安定的象征,叶落归根是人们心灵的最终归宿,思乡是古代诗歌的传统主题。进一步来说,中国古代社会的宗法血缘性质决定了思乡的实质是思亲,乡情的实质是亲情。中国人强烈的宗族血缘观念,孕育出了"父慈子孝,兄友弟恭"的伦理道德,它有力地制约着思乡者的情感指向。《毛诗序》道:"《陟岵》,孝子行役,思念父母也。"远离家乡在外行役的征人除思念父母外,还有兄长。思念父母是"孝",思念兄长是"悌",这正是符合儒家伦理观念中对人的"孝悌"要求,乡情里蕴含着深厚的伦理亲情。

当代的中国,现代化发展迅速,城镇化在快速推进,传统农业社会在向现代工业社会转型。在这一过程之中,越来越多的人为追求人生的梦想,实现自我价值而走出世代居住的乡村，涌向了异国他乡或是繁华的大都市求学、经商、打工。这些身处异地的炎黄子孙，心中都有着无比浓厚的思乡、思亲、思归的乡愁。每逢传统节日，这份乡情就会浓郁到极致，游子们盼望着踏上归乡之路，回到老屋舍感受着合家团聚的温馨，体味着家乡所特有的风土民情，在祥和、欢愉的氛围中稍稍放缓生活节奏，在传统文化的熏陶中净化身心。因此，乡情是人们心中抹不去的情愫，是对精神家园的寻觅和守望。

中国人的乡愁情结

"乡情"一直以来都是中外文学创作的一个原型和主题，例如大家比较熟悉的《诗经·小雅·采薇》、汉乐府《悲歌》、古诗十九首《行行重行行》、孟郊《游子吟》、李白《静夜思》、余光中《乡愁》……作品数量巨多，如黄河沙数，不胜枚举。在这些作品中，作家们在字里行间之中尽情渲染自己远离故土的离情别绪，同时也通过抒发自己的乡情来缓解内心的抑郁，借此把自己和故乡紧紧拴在一起，无论身在何方，与家园始终有着不可磨灭的牵连。各种文学作品中的乡土怀旧意象，都是源自于从古至今的乡愁原型，字里行间都是对昔日的怡人风光和温暖家园的思念和盼望，呼应着人们对自然及家园的无尽依恋之情，具有不朽的魅力。乡情是潜藏于每个人心底的一种思念情绪，一旦远离故土，便会或急或徐涌流而出。通过归纳，可以将乡情分为三个不同的层次：

第一层，是对亲友、乡亲、同胞的思念；第二层，是对故园情景、故国山河、旧时风景的怀念；第三层，是最深层的，是对历史文化的眷恋。

在这个现代城市主义充斥的时代里，生活在城市中的人们其实是极其压抑的，每天都置身于钢筋水泥筑成的城市森林之中，冰冷而缺乏生气，乡情便在这样的生活背景下愈加浓厚。人们都无比地向往故乡、向往旧时的风景、向往传统的文化！而我们作为时代洪流中的建设者，应该解读乡情，理解乡情，应该去寻找这些能够保存的文化，这些接地气的、有生活味道的记忆，并将其小心保存，奉献给广大的城市居民，这是我们的梦想，也是中国每一个建设者的梦想。

2. 乡情的内涵与历史源流

（1）中国人乡土情结的原因探源

中国人的乡愁情结

乡愁是一种渴望回归家园的愁绪，是离家在外的人们对家乡的思念。这里提到的家既是指现实中的家，又是指精神世界的家，即个体生命的终极归宿，精神家园。乡愁的本质是对家园——终极家园的寻找。生活在现代文明的人们，越发感觉到精神状态的空虚，生命状态的漂泊，对家乡的思念，回归家乡的情怀不仅是指回到童年以及故乡，更是指人们对生命归宿、灵魂故乡的终极追求。乡愁与信仰是密不可分的，如今乡愁更是成为全人类所共有的文化心理现象。人类社会从诞生之日起，就一直面临着家园选择的问题。人从自然中生，在自然中亡，人与自然时时相息，有着无法割断的联系，可以说人就是构成自然的一部分。而人如何处理与自然的关系问题，已经成为人类生存的基本问题。同时，作为自然之子，人生于自然，归于自然，人与自然更是依属的关系。但是，随着人类社会的发展，人类的协作能力的增强及科学技术的大力发展使得人在自然中逐渐获得了主宰性的力量，人类建立了属于我们自己的社会系统，自然的力量已经被人们渐渐忽视，自然已经再不是必须敬畏的对象了。人类社会的发展必然需要不断地从自然中索取资源，并不断地消耗着自然资源，而人们却还认为这一切是理所应当的。

　　近代以来，人类凭借其自身的智力因素及优秀的团队合作能力，快速地提高了人类社会整体的发展水平，通过科学技术的大力发展极大地提高了自身的生活品质。但是，人类社会的快速发展一直伴随着自然资源的消耗、自然环境的恶化等一系列生态环境被破坏的现象。如果根据能量守恒定律，人类所认为的"得"是以自然的"失"为转换条件的，那么可以说人类得之愈多，则自然失之愈多。尽管如此，不论科技如何发达，人类文明程度达到何种高度，仍有一点是人类所无法逃避的，即人类从自然中生，更是无法离开自然而生存，人类只能是自然的一员。生态环境的恶化最终带来的必然是人类整体生存环境的恶化，人类在醒悟之后只能花费大量的时间，以更大的代价来重新改善自然环境，这也可以被称做为历史"赎罪"。人类在追逐自我，过度关注自身发展的过程中，逐渐远离了自然的怀抱，迷失在自己建设的人工丛林中而远离了最初的家园。但因为人类是从自然而生的，所以离开了自然内心便会产生焦虑及不适感。在追逐社会现代化发展的过程之中，人类社会的一切都处于急速变化之中，被预设好的目标在不断地提高，速度已经成为改变人类社会历史的重要参数。

　　现代中国，正面临着西方文化的强势入侵，我国传统文化在完全不同的异质文化冲击之下，已然变得千疮百孔，我国国人的心灵也在动荡之中。而传统中国文化中"家"与"国"是一体的。《礼记·礼动篇》称为"天下一

| 谋望——茯茶小镇建设的思路 |

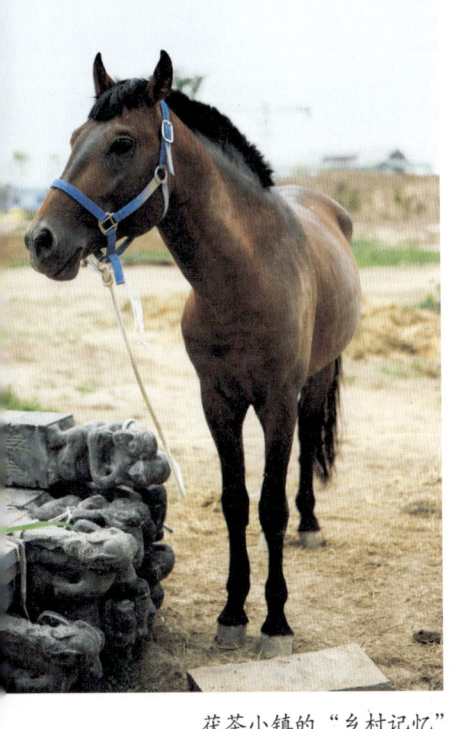

茯茶小镇的"乡村记忆"

家，中国一人"。儒家经典《大学》则把君子人格的修养和完成制定为"修身、齐家、治国、平天下"的程序，在这一程序中，从"家"到"天下"是一种层层扩展的关系，其血缘关系的实质，是一脉相承的。小家之主即为父，大家之主即为君。中国传统社会制度的根本是家庭制度的政治化。但是，随着西方文化的入侵，中国的文化结构、经济、社会，风土风俗等方面都遭到了彻底的改变，致使人们产生了家园荒芜和破碎感，旧家园已经成为了西方文明的"属地"，那么属于我们自己的家园在哪里寻找呢？

"童年、故乡、大地"是乡愁文化三个重要的构成部分。其中，童年文化是时间维度上的乡愁文化，故乡文化是空间维度上的乡愁文化，大地文化是时空双重维度上的乡愁文化。而童年、故乡和大地又只有在人的维度下才得以"存在"，并不是枯燥空洞的，而是具有生命意义的，乡愁是人们在追忆童年、怀念故乡和寻找大地上的家园过程中所自然流露出的一种情绪状态。在这种情绪状态中，既有失落、怅惘、焦虑，又有渴望、寻找、梦想，具有情绪的复杂性和丰富性。正是这种丰富的情绪状态，化为作家笔下精神世界中超越性的美感的表达，进而充盈于整体生命世界之中，演化为具有现代精神文化内涵的文学表达，从而形成了中华民族共有的精神财富和生命体验。我们都认同，童年以及故乡的记忆是可以影响到一个人一生的回忆，是开启一个人精神世界的钥匙。

我国的古典诗词与农耕文明更是有密不可分的关系。山林泉石、鸟啼虫吟、古道夕阳、垂柳啼莺、芙蓉海棠、野渡扁舟、平湖秋月、梧桐芭蕉……种种乡土原野意象汇聚在诗词之中，创造出了独特的引人遐思的韵味和意境。文学作品中的乡野意象把人与自然紧密地融合在一起，充分表达了人对大地万物的依恋之情，同时也彰显出人与自然共生的和谐，凸显出博大的情怀。怀念家乡，对归乡的期盼之情表达了更具体、真实的"恋土情结"，在这之中融合了切身的生命、生活体验。在这之中的神话色彩和虚拟性都比较少，所以更显得富有人情味，更生动真切，而这一特点也就使得文学作品在表达怀乡主题时乐于选取故乡的生活场景和原始乡野的自然风物，为其乡土怀旧意识找寻现实的依托以及时代的特征。"还乡"与"家园"的文学往往关注的都是对亲情、安居和爱的渴望，诗人、作家们在不同的文学表达中反复诉说着相似的心理诉求。全球工业革命以来，城市被钢筋混凝土所包围，人们的生活越来越陷入封闭、疏离、焦虑、异化和远离家园的痛苦中，"还乡"和"家园"的文学描写在继承原有意义的同时吸纳了现实话语来使自身不断得到丰富，具有了对抗现代文明和超越世俗的精神意义。

中国人的乡土情

故土家园是生命的本原，是童年的回忆，是青春的梦想，是父母的温情。而乡愁是人类最为深沉、最为厚重的生存情感，体现着人类最真实的本性，内心无法磨灭的渴求。"乡"和"土"构成了人类生存和精神的栖息地，每人内心都拥有一方乡土，这是一种血缘命定，是一种无法摆脱的永远的精神牵绊。"乡土"具有丰富的自然性和社会性双重属性，这也使得"乡土"具备丰富的文化内涵和诱人的特质。

随着社会发展的速度加快，中国由农业文明向现代文明转型的步伐也日益加快,那种原本长期处于农耕社会的家园状态遭到破坏而产生的失落感也在日益增强。现代文明与农耕文化的冲突,一直都未曾停歇。生活在都市里的人们无法逃离人事纷扰,只能在精神上向往乡村以及自然,找寻终极理想。人们都在寻找着一个让精神可以回归的对象,而故乡和家园便是最贴近心灵的地方。

传统中式庭院

茯茶小镇的乡愁文化

乡土情怀产生的直接原因就是生态自然原生态的美好被破坏,曾经的乡土家园在现代化的进程之中消失殆尽,人们总是处在一种"生活在别处的"的生活体验之中。这种自然与家园的失去与断裂,进一步导致了无穷无尽的乡愁被反复述说。

3. 人的需求层次论

任何一个被大众所需求的、具有可持续发展潜力的作品,其在设计的过程中就必须要以人为核心,所以就要对人的基本需求有所了解,深刻理解"以人文本"的核心内涵。城市规划设计更加离不开人本理论,以人的活动为基本尺度,探索对人的需求。在这方面,美国著名犹太裔人本主义心理学家亚伯拉罕·马斯洛(Abraham Maslow)在1943年进行了深入的研究,为我们打开了一扇窗户,从人的需求层次出发进一步的探讨人的行为准则与人的核心追求。

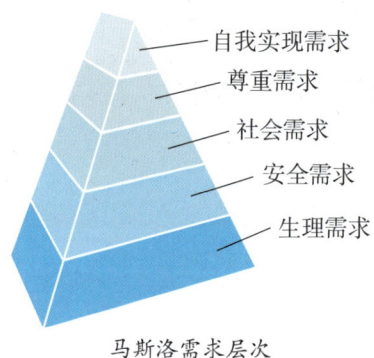

马斯洛需求层次

马斯洛的主要成就之一就是提出了需求层次理论(Need-hierarchytheory),是解释人格的重要理论,也是解释动机的重要理论,其提出个体成长的内在动力是动机。马斯洛认为动机是由多种不同层次与性质的需求所组成的,而各种需求间有高低层次与顺序之分,每个层次的需求与满足的程度,将决定个体的人格发展境界。需求层次理论将人的需求划分为五个层次,由低到高,并分别提出激励措施。其中底部的四种需要(生理需要、安全需要、归属和爱的需要、尊重的需要)可称为缺乏型需要,只有在满足了这些需要个体才能感到基本上舒适。顶部的需要(自我实现需要)可称之为成长型需要,因为它们主要是为了个体的成长与发展。最初需要层次理论马斯洛给定七层次需要,广为流传的五层次需要的自我实现需要由低到高可以分为认知需要、审美需要和自我创造需要。在晚年马斯洛在自我实现需要的基础上又提出了超自我实现需要，作为其超人本主义心理学的某种总结。

生理需求：级别最低，如：食物、水、空气、健康。缺乏生理需求的特征：什么都不想，只想让自己活下去，思考能力、道德观明显变得脆弱。例如：当一个人极需要食物时，会不择手段地抢夺食物。人们在战乱时，是不会排队领面包的。

安全需求：同样属于低级别的需求，如：人身安全、生活稳定以及免遭痛苦、威胁或疾病等。缺乏安全感的特征：感到自己对身边的事物受到威胁，觉得这世界是不公平或是危险的。认为一切事物都是危险的而变得紧张、彷徨不安、认为一切事物都是"恶"的。举例而言：一个孩子，在学校被同学欺负、受到老师不公平的对待，而开始变得不相信这社会，变得不敢表现自己、不敢拥有社交生活（因为他认为社交是危险的），而借此来保护自身安全。一个成人工作不顺利，薪水微薄，养不起家人而变得自暴自弃，每天利用喝酒、吸烟来寻找短暂的安逸感。

社交需求：属于较高层次的需求，如：对友谊、爱情以及隶属关系的需求。缺乏社交需求的特征：因为没有感受到身边人的关怀，而认为自己没有价值活在这世界上。这些需要如果得不到满足，就会影响员工的精神，导致高缺勤率、低生产率、对工作不满及情绪低落。例如：一个没有受到父母关怀的青少年，认为自己在家庭中没有价值，所以在学校交朋友，无视道德观和理性地积极地寻找朋友或是同类。还有的青少年为了让自己融入社交圈中，帮别人当牛作马，甚至吸烟，恶作剧等。

尊重需求：属于较高层次的需求，如：成就、名声、地位和晋升机会等。尊重需求既包括对成就或自我价值的个人感觉，也包括他人对自己的认可与尊重。缺乏尊重需求的特征：变得很爱面子，或是很积极地用行动来让别人认同自己，也很容易被虚荣所吸引。例如：利用暴力来证明自己的强悍、努力读书让自己成为医生、律师来证明自己在这社会的存在和价值、富豪为了自己的名利而赚钱，或是捐款。

特色小镇建设的实践与启示

自我实现需求：最高层次的需求，是针对真善美至高人生境界获得的需求，具体包括认知、审美、创造、发挥潜能的需要等等，在前面各低层次四项需求都能满足，最高层次的需求方能相继产生，是一种衍生性需求。缺乏自我实现需求的特征：觉得自己的生活被空虚感给推动着，要自己去做一些身为一个"人"应该在这世上做的事（使命感），极需要有让他能更充实自己的事物，尤其是让一个人深刻地体验到自己没有白活在这世界上的事物。也开始认为，价值观、道德观胜过金钱、爱人、尊重和社会的偏见。例如：一个真心为了帮助他人而捐款的人。一位武术家、运动家把自己的体能练到极致，让自己成为世界一流或是单纯只为了超越自己。一位企业家，真心认为自己所经营的事业能为这社会带来价值，而为了比昨天更好而工作。

超自我实现：马斯洛在晚期时，所提出的一个理论。这是当一个人的心理状态充分地满足了自我实现的需求时，所出现短暂的"高峰体验"，通常都是在执行一件事情时，或是完成一件事情时，才能深刻体验到的这种感觉，通常都是出现在艺术家，或是音乐家身上。例如：一位音乐家，在演奏音乐时，所感受到的一股"忘我"的体验。一位艺术家在画图时，感受不到时间的消逝，他在画图的每一分钟，对他来说跟一秒一样快，但每一秒却活的比一个礼拜还充实。

以马斯洛的"需求层次理论"为基础，现代城乡人居环境建设应能够满足人们从低到高的五个需求层次的要求：①生理需求层次：现代城乡人居环境应能够满足人们健康生存和繁衍的要求。②安全需求层次：现代城乡人居环境应能够满足人们的安全感，为人类的生存和发展提供足够的保护。③社交需求层次：现代城乡人居环境应能够给人们提供多种的社交场所和社交便利。④尊重需求层次：现代城乡人居环境必须使身处其中的人们感受到重视和尊重。⑤自我实现的需求层次：现代城乡人居环境应能使人们感受到自我价值和理想的实现。

马斯洛的理论引起了我们对于"以人为本"的思考，何为城市规划，就是以人为本的核心理念，是需要把植物和动物都考虑进去，才能称得上是以人为本。如果以人为本的核心理念是只把人、只把当代人纳入考虑，我们认为这是短暂的以人为本，而非为后代考虑的可持续的以人为本。现在提倡的田园城市、海绵城市等，我们认为就是既要考虑我们的子孙后代长久持久的发展，也要考虑地球上的其他生物，这才能被称为城市。而现代城市的问题太多，以人为本连基本的停车位都无法解决（也有可能是先考虑了没有车的人群），以他们的利益为本，这并不是真正的以人为本。以人为本的概念众所周知，但很多人都并不真正的理解。就简单地理解为当下人，今天生活的人为本，这样的理解太过狭隘。我们从"人的需求层次论"的角度切入，探索"以人为本"的真谛，充分考虑人的生存"原型"，充分地"回归自然"，最终达到海德格尔所提倡的"诗意的栖居"的理想境界。

4. 现代人的乡土情思

现代城市总是给人以疏离感，生活在钢筋水泥土的建筑高楼之中，人们往往觉得这样的生活缺乏生气，枯燥苦闷。在追求以人为本的设计理念中，探索对人的终极关怀，在设计之中让人感到归属感是决定设计成败的重要因素。归属感到底从何而来，自然是从我们的家园、故土之中而来，从慰藉我们的乡愁之中而来。

在中国的传统文化之中，"叶落归根"的说法深入人心，人生最大的不幸莫过于"背井离乡"，这一点在我国的古诗词中就有许多叙述。从《诗经》开始，还乡以及想要还乡而不得的乡愁就成为中国传统文学的一个至关重要的内容，发展至今，现代乡土文学更是丰富了"还乡"的精神内涵。如今，乡土以及还乡之情已经成为与城市文明和现代文明产生对立冲突的诗意境界。与还乡紧密联系的，是对家园的渴望之情和家园的逐步消逝以及重建，每个人在情感上都需要家，有了家才会有安顿、归属和爱的产生。而我们的故乡、故土便是最初的家园，是我们生命开启的地方，可以说人们对乡土的依恋之情其实就是对生命之本的感恩与牵挂，同时也是对现实层面一些需要无法得到满足时的怅然，是我们在离乡路上的幡然悔悟。这种思念家乡，渴望"还乡"的心理诉求其实是来源于人们对生命整个过程的思考，对生命最终归栖的一种想象。

与乡野联系在一起的总是大地、生命、丰富、野性、和谐、自由、自在、本色等自然意象。自然既是实体，也是本源，自然的包容性是所有生命得以存在的依据和背景，它是生命启程和回归的地方。生态文学家对自然乡野的敬畏、感恩、向往、依恋的情怀既是对现实的否定和批判，同时也是对逝去家园的寻觅，这既是现实意义上的逃亡和憧憬，更是精神意义上的真正还乡。

茯茶小镇戏曲表演

乡野，是人类童年的生境。人类的童年时代是星星点点地散居于天地之间、乡野之中的。城市何其无情，让人们逐渐失去了美好的童年，童年何其无辜。在对童年的追思和怀想中，人们也发现了文明的偏颇、理性的误区。乡村，作为一个与城市相对的概念，一直是人们乡愁意识的情结之所。人们热烈地怀恋着故土，激情地歌咏着乡村，强烈地批判着城市，仿佛乡村就是人类现实生存的理想乌托邦。回忆中的乡村，经过时间的过滤和成长经历中挫折苦难的渲染，俨然一个人间天堂。

有记者发表了题目为《未来30年，乡村将成为奢侈品》的文章，我们深以为然。

中国的历史总有一些规律性，也如老子所说"孔德之容，惟道是从"。

后30年的中国与今天的中国一定有极大的差异性，不同的人有不同的预言，那么究竟会发生哪些变化？

（1）空心村的新变化、新发展

中国乡村逐步变成空心村，外出上学、务工，年轻人和文化人流向城市。不少学者与城市人批评政府剥削了农村的资源，但现实情况是让农民回村是在剥夺农民的希望，农民70%的收入来自城市。30年后，再回到乡村土地上的主人应该不再是曾经走出去的农民，而是从城市奔向农村的大学生和工人。城镇化在不到20年时间内，会促成乡村20%的耕地转化，空心村会转移，都市人开始住进了环境更好的乡村，一定程度上缓解了城市核心区的交通、污染等方面的压力，乡村得到了新的发展。

（2）农村会变成新的人类家园

随着发展，城市越来越拥挤，各种资源分配不均，公共服务设施也不能满足需求，城市的过度开发，30万人以下的城市会变成人们居住的首选之地，3~5万人的小城镇将是人们最向往的地方。30年以后，当中国完全进入老龄化时代，随着高速、地铁、交通、互联网、物流网的全面普及，在城市之中传统的生活方式将逐步消失，就像公用固定电话与信件还有电报，自然进入了博物馆。中国社会福利和税收改革起了决定性的作用，把农民引入城市，让30年后的农村人也成为先富裕起来的人；城市部分居民选择住在乡村，成为新农民，农民又成为工人。农村成为新家园，是生活和享受的地方。那些选择进入农村居住的城市人一经跨入乡村，他们会发展人与自然的关系，人与人的关系，道德与自治之间的关系，城市人会对生活价值有了新的想法。土壤是产生人类文明的源泉，社会的价值观在乡村发生重大转变，这种改变源于植被、土壤与水，它们才是文明的全部，人只有身临乡村才会与农民一样，用心与情来体会。30年来，城市用科学与技术掩盖了常识，城市是用科学与技术构筑的，城市现代化技术越强，其脆弱性越大。30年后城市进入老年期，城市功能面临严重受损、维修成本过高的问题。中国有一半以上的城市的生态及各项环境将逐步不适合人居，水、电、气等都是关键问题。用经济发展取代了污染，用法律取代了道德，用西方300年文明取代了

特色小镇建设的实践与启示

茯茶小镇——特色小镇建设的典型示范案例

5000年中华文明。蓦然回首，我们就会明白西方的文化涵养不了中国人，不合适中国的本土。

(3) 村长比市长更有荣誉感

30年后，乡村不再是五千到八千亩地的范围，村依然在，可能有很多改为庄园与农场，农业机械化程度达到60%。庄园的面积可能在5公顷到15公顷之间，村里居住很多是从城市搬迁而来的市民，他们都在村干部领导下。村里有土地、河流、林地等珍贵资源，就业岗位不够，而城市的各项环境在进一步恶化。大量农村人员涌入城市，不少城市系统处于不能负荷的状态，社会二元结构问题重新提上议事日程。那时，城市生活指数或许会比农村差3~4倍，中国可能会步入"农民问题"转入"城市问题"的时代。

(4) 中国传统建筑全面取代欧式建筑

中国元素开始向西方蔓延。随着时间推移，农民房子经过不断的整修，一次比一次建得更能恢复本土文化，这种乡土特色文化会越来越盛行，建筑风格以唐宋为主体，建筑材料也会做得极为精致，甚至超过今天的罗马柱、歌德墙。只要农民觉悟，富裕了，这就是中国变得强大的开始。当人们开始

茯茶小镇的传统民居改造设计

以各种手段来保护时代的文化与建筑，其实质就是要保护这个时代的建筑记忆。建筑用木料量会逐步增加，村里的庙与寺会比今天多很多，祠堂与传统仪式和传统建筑同步成长。

（5）一产（农业）时代的到来

随着社会不断进步，农业进入生态与科技、自然与工业化融为一体的"一产时代的到来"，传统的农耕工具会慢慢废除。农耕文明受科学技术的影响越来越重，工业化生产方式与百分之百的商品化生活方式，让绝大多数农村开始迅速进入到乡村城市状态，而政府大力推进的新农村建设有很多都是依照城市化的理念设计，并不适应农民的传统生活。如此这样推动着农民并不太适应的新农村，严格地说，是对中国农耕文明的破坏，从本质上改变了中国农民。

（6）传统信仰将回归

早期的农村，宗教、宗祠和道德是乡村文明的核心。现在有的村只有小庙的遗址，但农民们心中依旧有佛。30年后农村的建房修路，每户都有家祠、家庙、神龛，以道德与宗教统治的乡村将会重现。宗教是盛世的表现，

特色小镇建设的实践与启示

茯茶小镇牌楼

中国农民有尊严的时刻,盛世就会来临。

现代人的生活对于"乡情"实在是心有余而力不足,快节奏的城市生活,封闭的居住环境,规矩的工作场所,乏味空洞的娱乐活动,这些都让"乡情"变得无法紧握,现代人需要"乡情",这是人的基本需求,也是人的心灵归宿,是每一个现代人心中最美好的愿景,而我们终将实现它。

5. 我国城乡人居环境的建设现状

(1) 基本概念的释义

我们在本书中讨论的主体就是一种城乡建设行为,是为了打造更好的人类生活空间而进行的探索。故对城市及乡村的概念及内涵分析是首要的,必不可少的。只有弄清楚城市与乡村各自的特点及不同的职能,才能更好地开展城乡建设,改善城乡人居环境。

①城市的概念

在论及城乡规划与现代人居环境的基本逻辑之前,我们对相关的系列概念进行了明确,从基本概念定义的角度来诠释我们对于城乡建设的基本认识

| 谋望——茯茶小镇建设的思路 |

上海

与理解。

"让我看看你的城市,我就能说出这个城市居民在文化上追求的是什么。"这是70年前美国著名建筑师、城市规划师沙里宁先生的名言。的确,城市就是一面镜子,它能折射出生活在这座城市中的人们的情趣、目标与抱负。"城市现象是个很难下定义的现实,城市既是一个景观、一片经济空间、一种人口密度,也是一个生活中心和劳动中心;更具体地说,也可能是一种气氛,一个特征或一个灵魂。"

关于城市,《大不列颠百科全书》中是如此定义的:"一个较永久性和组织完好的人口集中地,比一个城镇或村庄规模大,地位也更重要。"

第一批城市出现在新石器时代,那个时期,农业技术不断地发展,用在保

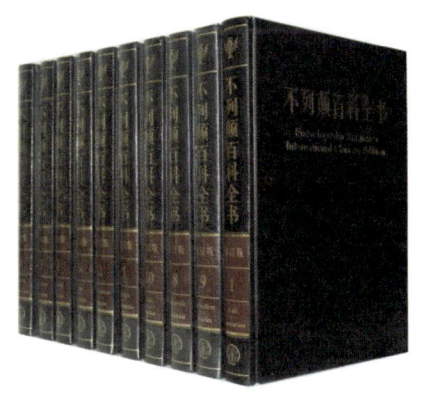

大不列颠百科全书

证生产出大量的剩余谷物,而足以保障一群永久性的非农业工人的需求。由于已经需要长期的定居,在建筑材料的选择上便选用了比较耐久、坚固的,比如砖和石材。随着社会地不断发展,人口逐渐增多,对整个社会的管理也有了更多的、新产生的要求,运输设施以及供应城市居民的农村基地也要纳入考虑范围。

约从公元前3000年起,较大的城市在美索不达米亚、印度河谷、黄河流域和尼罗河畔逐步繁荣起来。而直到希腊时期创建了城邦,希腊人的城邦是由生活在其中的公民所管理的,辖有周围的农村地区,部分依靠从农村征收剩余产品而支持生活。在这样的背景之下,初期的西方文化以及艺术生活达到了兴盛。贸易的发展使得希腊人在整个地中海沿岸都建立起殖民城市。

一直到罗马帝国结束了各城邦的统治地位,罗马作为帝国经济和行政中心的发展,在城市的各项供应以及社会管理方面出现了大量的新问题。罗马人在工程技术方面的成就是无与伦比的,比如为了保证供水而修建的道水和路面铺设保证资源畅通方面。随着罗马的征服者不断开拓疆土,到处建立从属的殖民地,罗马的工程技术也传遍了整个欧洲。从很早时期开始,为了保护人民不受敌人或是流寇的侵袭,城市在建设时就会环以城墙。而当罗马帝国以及在其政权统治下的罗马和平在不断移民浪潮的压力下瓦解时,有围墙的城镇便能为城市提供某种程度上的防御功能。

发展到在中世纪的城市里,一股强劲的市民文化茁壮发展起来。有些城市,如意大利的贸易中心威尼斯、热那亚和弗洛伦撒,甚至恢复到了早期城邦自治时期昌盛的、自给自足的状态中。

直到中世纪结束时,欧洲的城市变成了经济以及商业扩展的基地。市集在中世纪只起到了临时性作用,而此时在各城市里已经成为常设机构,为日益壮大的商业阶级发展提供了重要的根据点。与此同时,由于国家权力的日益增大,各城市受到中央集权政府的政治控制越来越大。在追求民族国家统一的过程中,城市不再是孤立的政治题,而已经具有了重要的行政功能。

工业革命的到来极大地改变了城市生活。工业革命对生产力发展的促进是之前从未有过的,使得欧洲以及其他地区都具有了应付比过去稠密的人口集中的能力。此外,工厂体系是十八十九世纪在工业化生产过程中影响最为重要的因素,它需要把劳动力集中在能源以及运输线的附近。故在英国、西北欧以及美国东北部,工厂林立的城市便会得到迅速、蓬勃地发展。同时,已经有一定基础的旧城市也极大地扩充了往日的规模。在1850年,全世界只有不到7%的人口住在5000居民以上的城市中心。发展至1950年就已经增长至30%,甚至在完全工业化的欧洲国家、日本和美国,这一比率更是超过了60%。工业发展的迅猛势头以及人口增长具有摧毁传统城市社会的趋向,工业化城市的各种弊端以及通病暴露出来:比如缺乏适宜的住宅、卫生设施和生活场所。工业的大规模发展往往是以污染空气以及水源等自然环境为代价的。而从农村区域迁入的人们不容易在城市文化中找到认同感以及归宿感。20世纪,运输技术的迅速发展,尤其是汽车的大规模建造促进了郊区以及大型住宅区的建设,那里远离城市中心区,生活条件不那么拥挤,离开工业污染较远。但是这种所谓的"城市延伸"也带来了一系列的新问题,比如城市中心区交通拥挤、汽车废气造成的大气污染等。工业扩展初期兴建的工厂和住宅,许多已经时间过久而被废弃。商店移入新的营业场所,工厂迁入到新的厂房,这都使得城市中心区的部分居民生活在高建筑密度区而一筹莫展。地方政府也做了努力,对城市建设、交通运输和服务供应做出了相应的规定,试图通过规划和协调新建筑物以及努力维护城市的基础设施来解决这些问题。

现代工业化发展

特色小镇建设的实践与启示

吴良镛先生在《中国大百科全书》中对城市做了以下定义：城市聚集了一定数量的人口；城市以非农业活动为主，是区别于农村的社会组织形式；城市是一定地域中政治、经济、文化等方面具有不同范围中心的职能；城市要求相对聚集；城市必须提供物质设施和力求保持良好的生态环境；城市是根据共同的社会目标和各方面的需要而进行协调运转的社会实体；城市有继承传统文化，并加以绵延发展的使命。吴良镛先生强调了城市的组织形式和职能，并且补充了城市在继承传统文化，以及加以绵延发展方面的重要使命。在这点上，古罗马人在他们漫长的历史上一直在坚持着，在罗马人的眼中，伟大意味着古老。生活在皮特罗努斯之前的一个世纪的罗马政治家西塞罗写道："这里有我的宗教，这里有我的家族，这里有我祖先的遗迹。我简直无法表达我在这里感受到的魅力，它们渗透到了我的思想和意识中。"

吴良镛

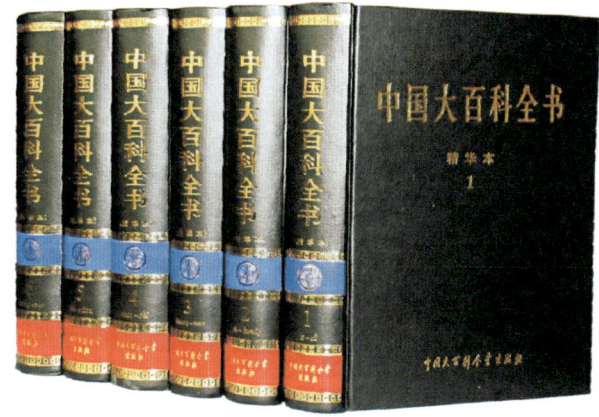

中国大百科全书

SirJamaki在《东京都事典》中对城市的特征作了如下论述：

一是，人们生活在其中可以较充分地享受社会生活以及文明。

二是，商业和工业中心，有规模巨大的货品和劳务，以及各种不同的非农业职业。

三是，有一定程度上自治的人口。

四是，孕育文化的中心：可孕育世界文明，保持文明的高度形式。

当然，不可否认的是这样的观点对于产业的阐述明显带有西方城市的色彩，但将城市定义为孕育文化的中心和保持文明的高度形式的论述是十分精辟的，与我国国情也高度符合的，并与吴良镛先生强调的城市传承文化并绵延发展的观点形成了高度的统一。

因此，城市并不是将不同的功能进行简单的叠加，而是应该附加有文化的意义与功能。然而今天的城市在短时间内是无法满足其文化功能的要求的，那么就需要开辟出一片新的文化缓冲地，于是乡村便成为这个时代的宠儿，也是这个时代发展的必然需求。乡村具有其独特的天然优势：不会受到太多的人口聚集压力，也远离了工业的叨扰，拥有广袤的乡野，可以肆意驰骋。

②乡村的概念

乡村的概念，在《大英百科全书中》是这样定义的："它是县下面的单位，通常是一个较大的区域，乡村的职责各地不同，差别很大。但乡村所履行的主要职务一般是维护地方道路和管理民众救济……"这是一个典型的西方式的定义，与中国的国情并不十分相符。在《中国大百科全书》中，没有明确对"乡村"的定义，只有对"镇"的定义："居民以从事非农业生产活动为主的有一定规模的居民点，是城市和农村进行经济、政治、文化等方面联系和交流的纽带。据1982年中国全国第三次人口普查资料，中国共有2664个建制镇。镇的人口规模较小。按照1984年11月中国有关市镇建制的规定，凡是县级政府机关所在地和非农业人口聚居超过2000人的乡（其总人口在两万人以下）政府驻地，或非农业人口占全乡（其总人口超过两万人）总人口10%以上的乡政府驻地，都可设镇。1984年底中国建制镇已增加到7469个。除了作为基层地方行政中心以外，有些镇根据其职能还分为工商业镇、工业镇、矿业镇等"。因此这也正是茯茶小镇之所以命名为"镇"的依据之一。在《古汉语字典》中对"乡"有如此解释：地方行政区域或单位。所辖范围，历代不同。

周制，12500家为乡。《周礼·地官·大司徒》"五州为乡，使之相宾。"

春秋齐制，十连为乡。《国语·齐语》："十连为乡，乡有良人焉。"《管子·小匡》："十率为乡。"

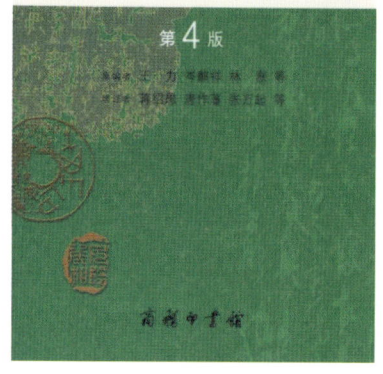

古汉语常用字字典

汉制,十亭为乡。《汉书·百官公卿表上》:"大率十里一亭,亭有长。十亭一乡。"

唐宋后指县级以下基层行政单位。

通过对于权威文献中"乡村"释义的研究,我们认为,对于乡村的解读,权威的认识多是从行政区划的角度进行切入,而忽视了乡村所具有的文化土壤的基本功能,这不可不算作是一个缺憾。因此对于茯茶小镇的打造,除了其基本的人口、经济、产业、交通、行政、商业等功能以外,更重要的是契合"乡情",结合"乡野",打造富有乡土文化魅力的特色小镇,这是我们的期冀。

茯茶小镇——富有乡土文化魅力的特色小镇

（2）中国的人居建设

中国正处在由农业大国向新型工业化、城市化国家转型的关键时期，是在城市化的快速发展时期。随着城市化的快速发展，中国的环境也发生了巨大的变化，科技的发展为更好地建设人居环境带来可能，但同时追求经济的高速发展也为人居环境的建设带来了破坏。

相关研究表明，中国在20世纪80年代中期城市化水平达到了25%上下后就进入了中期加速阶段，在1996年~2003年期间更是以连续八年每年提高了1.43~1.44个百分点的超高速增长，截至2011年底全国城市化水平达到了51.27%。中国城市化无论规模之大还是速度之快，都是人类历史上前所未有的。快速城市化对我国而言既是机遇又是挑战，1999年7月23日世界银行在北京召开"城市化发展高级研讨会"，诺贝尔经济学奖获得者、世界银行高级副行长兼首席经济学家、世纪著名经济学家约瑟夫·E·斯蒂格利茨（J.E.Stieglitz）在会上把中国的城市化与美国的高科技并列为影响21世纪人类发展进程的两大关键因素。原国家住房和城乡建设部副部长仇保兴2004年将城市化列为新世纪中国三大挑战的首位问题。《中共中央关于制定国民经济和社会发展第十二个五年规划的建议》第五条明确指出："促进区域协调发展，积极稳妥推进城镇化"。《中华人民共和国国民经济和社会发展第十二个五年规划纲要》第十八章仍将"推进新一轮西部大开发、全面振兴东北地区等老工业基地、大力促进中部地区崛起、积极支持东部地区率先发展"作为未来几年国家区域发展总体战略和城市发展的总体框架。

2011年，中国的城镇化水平突破50%，达到51.27%，有69079万人生活在城镇中。一般而言，城镇化过程遵循"S"形曲线的变化规律。城镇化"S"形曲线由Kingsley Davis于1965年提出。当城镇化水平达到30%的时候，城镇化进入"S"形曲线的加速发展阶段。中国的城镇化发展过程基本反映"S"曲线的初步阶段和加速阶段特征。1949~1995年城镇化水平由10.64%增长到29.04%，这47年时间里，中国城镇化水平仅增长18.4个百分点；1996~2012年，城镇化水平由30.48%增长到52.57%，在17年的时间里，城镇化水平提升了22.09个百分点。换句话说，仅近17年城镇化率的增长速度就远超于中国

特色小镇建设的实践与启示

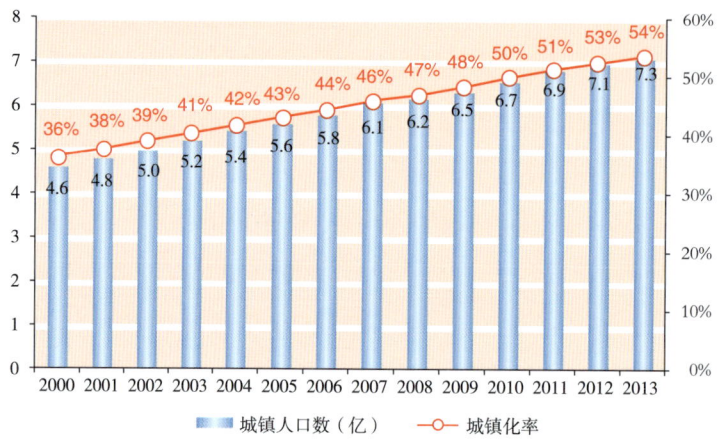

城市化率

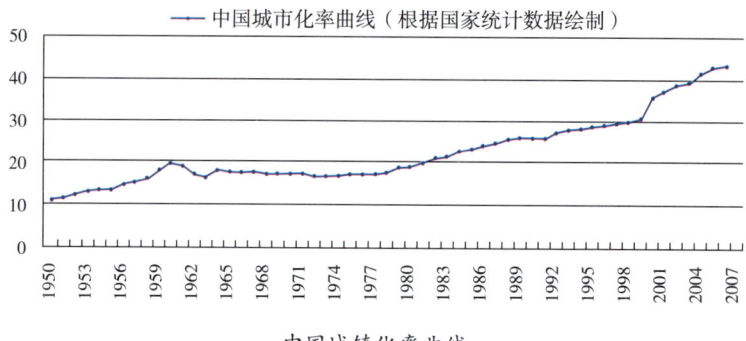

中国城镇化率曲线

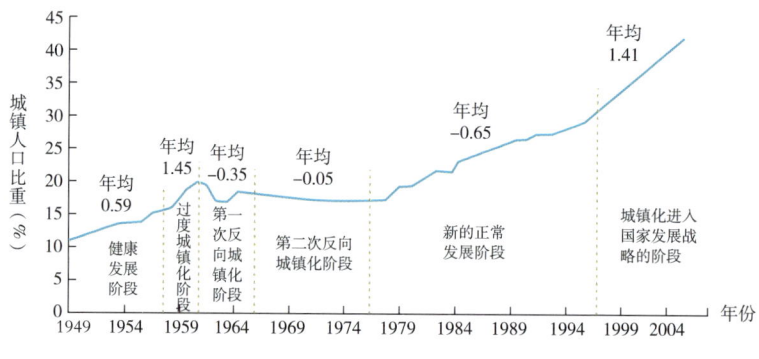

城镇化率曲线

1949年后近半个世纪内城镇化增长率。就城镇人口规模增长而言，1996~2012年，中国城镇人口由3.7亿人增加到6.9亿人，净增加3.2亿人。

无论从城镇化率的增长，还是城镇人口规模的增量看，今天的中国都处于快速城镇化过程中。不可忽视的是，快速城镇化对于中国本土的社会、经济、环境等诸多领域都会产生重大影响：一方面，城镇化的推进重速度而轻质量，农业转移的人口市民化程度偏低，半城镇化的现象十分显著；另一方面，高扩张、高消耗、高排放特征明显，资源配置效率低，推进城镇化是以付出巨大的资源环境为代价的。想要有更加宜居的中国城市，中国的城镇化就必须走可持续发展的道路。

发达国家工业化过程中出现的"城市病"问题在中国城市也不可避免地重现了。工业革命起源于英国，极大地推动了当时世界范围内的经济增长，对改善城市人居环境质量提供了技术支持，特别是城市基础设施的建设极大地改变了过去城市的面貌，但是存在于城市中社会不平等的问题以及城市环境问题等仍然存在着。主要表现在以下几个方面：

一是，环境污染问题。大多数发达国家在工业化过程中都遭受过十分严重的环境问题。比如伦敦烟雾事件、洛杉矶光化学雾事件等。由于大气受到污染，进而导致疾病甚至死亡的发生比例显著提高。

二是，住房问题。主要集中在低收入群体身上，住房的供应量不足、居住过于拥挤、住房条件恶劣等。在大城市里，由于人口高度的集聚，房价不断上涨，过高的房价致使人们无力承担，使得住房问题越来越突出。

改革开放在为中国带来了各项福利的同时，也带来了西方发达国家曾经面临的诸多问题。在近30年的经济发展过程中，中国的地方政府为最大程度上吸引外资，在城市中广泛建立了各类的开发区。但是经引进的企业有很多在污染排放的处理上不能达标，导致了环境污染问题的加剧。虽然，中国政府很早就意识到了保护环境的重要性，积极响应了1992年的世界可持续发展会议精神，并制定中国21世纪议程，近年来地方政府也被要求要逐步增加对环境污染治理的投入，但在总体上看来，虽然采取了一定的措施，但环境污染仍然是中国目前面临的首要问题之一。以近年来广泛发生的雾霾为例，其

原因是微小颗粒物造成的空气污染。在空气动力学中直径小于或等于2.5微米的颗粒物称为微尘，即PM2.5。微小颗粒物不仅对空气质量和能见度有重要的影响，更重要的是会对人体健康产生一定的危害。美国NASA的PM2.5空间分布显示，中国已经是全球PM2.5浓度值最高的地区之一。中国地区高浓度PM2.5的空间分布不仅与我国快速的工业化有密不可分的关系，也与地理区位有关联。快速的城镇化进程极大地促进了中国经济的高速增长，但也导致城乡之间、各城市之间以及城市内部的人居环境差异过大，主要表现在住房条件、基础设施与公共服务水平等方面，尤其是大城市，在这些方面面临着更大的压力。

改革开放给中国城市化带来了前所未有的发展机遇，在党和政府领导下，通过努力也取得了举世瞩目的成就。但是也避免不了发达国家无法规避的城市问题，特别是城市病的产生，如城市热岛效应、雾霾、城市交通拥堵、城市基础设施弱化等，这些问题都十分棘手，且在短时间内无法得到有效的缓解。因此我们认为，在一定程度上，可以独辟蹊径，不针对城市本体来解决城市的问题，而是采用一种"农村包围城市""农村消除城市""农村吸纳城市"的战略，从另外一个角度来缓解大城市的病症，同时也给居住在城市中的人们提供一个身体与心灵的归宿。

6. 城乡社会结构（伦理）的现状与问题

随着城市的发展，各类资源都向城市集中，城市是发展的中心，而城乡社会的差距也越来越大，发展不平衡、不协调的矛盾日益加深。国家发展改革委宏观经济研究院社会发展研究所于2010年在《中国经济导报》上发文分析中国的城乡社会问题，说明城乡差距越来越成为一个亟待解决的命题。党的十九大报告指出，发展不平衡不充分的一些突出问题尚未解决，发展质量和效益还不高，创新能力不够强，实体经济水平有待提高，生态环境保护任重道远；民生领域还有不少短板，脱贫攻坚任务艰巨，城乡区域发展和收入分配差距依然较大，群众在就业、教育、医疗、居住、养老等方面面临不少难题。从表述中我们可以看出，除了贯彻始终的转变发展方式问题以外，社会保障、就业分配、公共卫生、环境保护等一系列社会问题已经站到了我国发展的战略高点。这其中的社会问题包括老年人口的持续增长、资源环境的压力增大、1700万的就业供需缺口、收入差距挑战社会公平、农地矛盾等等。这些都是在城乡差距的现状鸿沟上造成的。

而且除了这些外在的社会表象问题以外,由于城市居民的封闭式生活方式,以及社会关爱的缺失,也导致了传统文化的割裂,甚至由于住房的紧张,而导致城市居民数世同堂而引发的伦理问题,等等这般都成为现代城市居民的心灵负担。中国的传统民居布局大多是合院式的,尊卑有别、主次有序,建筑的组合形成蕴含着阖家团聚的格局。千百年来,这些村落、乡镇以及老城市里的胡同、街巷、里弄都被传统的伦理道德熏陶着,被世代相传的耕读文化浸润着。这里的人们守望相助、和睦相亲,虽然乡镇里也有家长里短的矛盾,但不会出现现代城市中的种种极端事件。而在农村,由于精英阶层不可逆的流向城市,也造成农村人的综合素质偏低,封建迷信,过度铺装浪费等一系列社会问题,老人赡养失责与儿童教育漠视也成为高发的农村社会问题。甚至因为信仰与道德的缺失,对金钱的盲目追寻,使得社会的道德底线模糊,进一步导致了犯罪的产生。

在这些社会问题的压力之下,我们急切地需要建立一个城乡建设的典范,为缓解城乡居民的差距、城乡居民的生存状态、城乡居民的心灵压力来尽绵薄之力,并期望形成一个基本的城乡建设模式,来达到推广的目的。

7. 城乡生态环境建设的现状

生态环境指影响人类生存和发展的一切外界环境条件的总体,包括自然和人类改变了的(比如被污染的)环境。城乡生态环境是生态环境的局部化和地域化,城乡生态环境在人居系统演进的漫长过程中,与后者互相影响、互相作用,对城乡人居系统的整体状态和未来走向,具有基础性的决定意义。

随着人口的不断增长,人类的经济活动越来越频繁,人们所开发利用的资源和能源趋于枯竭,粮食问题也越来越突出。人们为了满足自身日益膨胀的生活需要,进行了一系列不合理的资源、能源开发和无限度地扩大耕地的活动。造成了生态环境连带性的恶性循环。

一是,荒漠化的进程在不断加剧。

特色小镇建设的实践与启示

在自然状态下，荒漠化的速度是很慢的，要经过千百年的时间才能显示出来。而在人为条件下，荒漠化的程度越来越快。据统计我国荒漠化土地267.4万平方公里，占国土总面积的27.9%。1995年到1999年5年间净增荒漠化土地5.2万平方公里，净增沙化土地17180平方公里，年均增加1.04万平方公里。

二是，草地草场的严重退化。

人类在长期的经济活动中，连带性的扩充耕地面积和超载放牧，再加上鼠害的猖獗，自然灾害严重等情况下，使得草场大面积退化。据统计，青藏高原腹地草地退化面积约703.19万公顷，其中仅玉树州全州已有346万多公顷的草场退化，占全部可利用草场面积的30%。我国已有90%的草地存在不同程度的退化，造成了草地地下活根量减少，土壤含水量明显下降，土壤盐碱化程度越来越高，有机质含量大大减少。呈现出裸土，造成了大量的地表径流，危及生态环境的良性发展。

三是，水土流失严重。

对天然林资源的采伐和大规模无节制的采金活动，致使脆弱的生态系统遭受了很大的破坏，出现了土地沙化、草原退化、水土流失等一系列严重的生态环境问题。仅西北地区风蚀面积10年间增加了3万平方公里，增加了1.6个百分点。导致了三江源头的冰川退缩、雪线上升、湖泊及源流湿地萎缩干枯。由此可见，水土流失扩大的趋势没有得到根本上遏制。

四是，农业和农村面临污染严重。

食品安全问题日益突出。我国化肥平均施用量是发达国家化肥安全用量上限的两倍，另外大量二氧化硫的排放，使近三分之一的国土酸雨污染严重。农药污染危害也较严重，农药的总检出率为20%~60%，总超标率为20%~40%。因此农村和农业污染也日趋严重，造成了农业生态环境的破坏，影响了生态建设和发展，而且对人类的健康产生了很大的威胁。

五是，生物多样性问题。

生物多样性的种类和数量以惊人的速度减少，而有害外来物种的入侵在不断增加，一些珍稀物种已经灭绝或濒临灭绝。国际公约列出的740种世界性濒危物种中我国占189种。在短短的几十年里可可西里地区的野生动物数量减少了三分之二以上，特别是国家一级保护动物藏羚羊正在遭受灭顶之灾。另外据不完全统计，入侵我国的外来物种约有200余种，在全国大多数自然保护区每年都有外来物种入侵。这都是由于生态环境的恶化，特别是人们为了满足日益膨胀的经济需要，大量捕猎野生动物和无限开采虫、草、药，再加上对林地、草地的破坏，使生物的分布区域不断缩小，物种的类型也越来越少，致使生态平衡失去了保障。

六是，生态环境问题。

以城市和人居环境为中心，辐射性造成了生态环境的破坏和环境污染。城市作为人类社会活动的主要区域，随着城市开发力度的增大和社会经济活动的加剧，导致了城市环境的严重恶化。环境污染来自于两个不同的方面：一方面是经济增长对环境所产生的副作用和对社会的危害程度，有时这一代价比增加的产量所得的好处还要大；另一方面是经济增长会损害生态体系，由此威胁到生命的存在。

七是，城市内的环境恶化。

①城市内大气污染：工业废气、汽车尾气和居民生活燃放的大量烟尘，笼罩在城市的上空，造成了城市内的"热岛效应"和"酸雨现象"。

②城市内的水环境污染：据统计，全世界排放的废水约6000亿吨，绝大部分来源于城市。我国的废水总量约400亿吨，90%的废水、污水未经净化处理，直接排入附近的水域。

③城市垃圾污染：据不完全统计，我国每年排放的各种工业废渣约4.3亿吨，其中"消化"利用仅占19.3%，其余堆积在城郊或城区内成为一大害，全国每年生活垃圾的排放量约6500万吨。

④城市噪音污染严重：我国40个城市的平均等效声级均在55分贝以上。城市环境76%以上的噪音是由交通运输引起的，10%是由工业生产引起的，10%~14%由公共场所的喧闹引起的。

我国城乡生态环境存在着明显的二元化倾向。所谓城乡生态环境二元化是指城乡在生态环境的结构、功能、质量等方面的不平衡状态及发展趋势。"生态环境二元化趋势"表现为：少数发达地区和一些城市（大城市）的生态环境状况有所改善，而不发达地区和大部分农村仍在恶化。一些学者针对我国城市环境逐渐改善、农村生态逐步恶化的状况，提出了"城乡二元环境结构"的概念。有学者认为，我国城市环境问题局部有所缓解，农村环境问题面临逐步失控，造成这种差异的重要原因是城乡控制体系的二元性。

可以这么说，城乡生态环境的持续恶化已经成为当前城乡建设中最为紧迫的问题，生态环境直接决定了人类生存的基础。随着生态环境地不断恶化，宜居已经成为一个可望而不可即的梦想。在这种环境背景下，如何重塑美好的人居环境，成为新时代的要求。

8. 乡愁成为城乡居民的人居主题

伴随着经济的高速发展，城乡的人居环境正面临着严峻的考验。生态环境所遭受的严重压力已经迫使人们走向寻找城乡人居环境的改善之路。除了生态环境的改善，精神家园的重塑也十分重要。良好的生态环境可以给人安全、优美的居住地，但精神家园的建设才能给人以终极的归属感。于是"乡愁"成了人居环境建设所不可忽视的一环，对"乡愁"的探索也成为目前城乡人居建设的不变的主题。人们提出了"乡愁"，恰逢我国的城镇化又进入一个新的阶段，中央制定了相应的城镇化政策，积极推动城镇建设，以实现城乡共同富裕的道路之时。更快地推动城镇化的发展，是有利于社会发展的

茯茶小镇——乡愁的记忆

事情,但这中间不可避免地出现了一些问题,比如几十年来对一些有着深厚历史文化的城镇无序而大规模的拆迁带来的后果令人担忧。从我们自己多年的从业经历来看,凡是现在还保有传统特色、古朴风貌的小镇,大都是当年交通不发达、乡镇企业办得慢的城镇。就拿江南地区来说,曾几时,仅水乡文化历史古镇就有100多个,现在留存完整风貌的屈指可数。20世纪50年代以来,在各项水利、生态及工程设施的移民项目中,一些有着传统风貌的村落遭到毁灭性地破坏。2000年时我国自然村落总数为263万个,发展到2010年,仅仅过去10年,村落总数就锐减到191万个,一共减少了90万个自然村,其中不乏包含着重要的人文及自然景观的村庄。2013年12月12日中央城镇化工作会议公报中提出要建设"望得见山、看得见水、记得住乡愁"的美丽乡镇。"望得见山,看得见水"这八个字是比较容易理解的,就是要求保持自然生态环境,保护原本的地理风貌,要尊重自然留存的山山水水,这是针对许多地方胡乱开山填湖、破坏原有的地形地貌而提出的。总而言之,破坏原来的生态环境,进而遭到了大自然的报复,这种事我们今后无论如何是不能再做了。

关于乡愁,简单地理解就是"对故乡的思念之情"。诗人以及文学家们对此有许多精彩、隽永的描绘,用一句建筑术语来表达就是——乡愁是"人

茯茶小镇——乡愁的记忆

特色小镇建设的实践与启示

们对故乡里人与人之间相处的物质空间环境的记忆，以及对它存在与否的耽愁与怀念"。故乡的老房子所构成特定的历史空间环境，同时人们在这些以老房子为主的历史空间环境中生活、活动而演绎出的平凡而又生动的故事，这些情景使人铭记。而许多传统风貌城镇更是充满了历史文化的厚重遗韵，让人无法忘怀。乡愁还包含着家乡人们祖祖辈辈留下的人与人的血脉、亲情关系，这些关系又是靠着那些故乡的古老建筑和它们所形成的场景和风光特色而依存的。故乡的一切，都会给每个人留下浓重的记忆，离开久了怎么会不产生乡愁呢？

而生活在现代社会的城市人，"家家包铁栏，户户装猫眼。电话聊千户，不与邻家言"，大体可以概括城市人现实生活的写照。身处水泥森林之中，拥挤的空间、阻塞的交通、污浊的空气、充耳的噪音，让人不胜其烦。城市集聚的人口是来自于天南海北，每个人都承载着自己家乡各具特色的文化而走到一起。但在这个陌生人聚集的社会中，几乎会让所有在这个环境中生活的人去掉独特的"家乡味"，用这个制式化的标准改造自身。这对于从熟人社会走出来的群体而言是呆板的、单调的、生硬的、冰冷的，失去了乡村文化的多元、自由、和睦、温情等特性。这种由乡而城的两种文化冲撞，自然产生"暝色入高楼，有人楼上愁"的况味。

"谁不说俺家乡好""月是故乡明，人是故乡亲"，这是中华民族融入血液中的传统文化。故乡不论贫穷或富有，落后或发达，是自己可以骂一千遍也不许别人说一句的地方。家乡的声音、家乡的味道、家乡的风土、家乡的一草一木、一山一水都深深刻在每个人的记忆之中，不管身居何处，仍会触景生情，家乡的人与景常常于梦中浮现，这是有着几千年农耕文化的中国人有别于其他民族的一种特殊情感。举例而言，刘邦虽然贵为天子，但也未能免俗，在当了12年皇帝之后的公元前195年10月，回到故乡沛县住了20多天，天天大宴乡邻，并意气风发地唱出了"大风起兮云飞扬，威加海内兮归故乡"的千古名句。每个从故乡走出去的中华儿女，尤其身居闹市者，思乡念家自是情理之中，他们思念"绿树村边合，青山郭外斜"的美景，思念"明月松间照，清泉石上流"的宁静，思念"倚杖柴门外，临风听暮蝉"的闲适，思念"采菊东篱下，悠然见南山"的淡然。现如今，"灭村运动""农村脱农"等说法还是不断有人提起，似乎农村无农才算一种正常状态，其实农业文明是与工业文明、城市文明并行不悖的一种文明形态，是人类文明的三大基本载体之一。承载几千年文明的物质文化遗产的消逝在意大利、希腊等欧盟诸国，几千年的历史遗存、文物古迹，保存完好者屡见不鲜，而在中国，明清时代的这类完整建筑已属凤毛麟角，更不要说宋元、唐汉、先秦了。据第三次全国文物普查称，近30年来有4万多处不可移动文物消失，其中半数以上是毁于拆迁。

中国的村庄锐减速度之快，从2000年到2010年的十年间，平均每天差不多要减少近250个，全国31个省市区上报传统村落11567个，首批入选的648个，其余不能入选的如果只靠地方保护，命运难测。传统村落的保护尚且如此，那些零星分布于数以百万计的村落中的古旧建筑、石雕、木雕、文物古迹，乃至衣着服饰更是可想而知，它们可能正遭受建设性的破坏、开发性的毁灭、商业旅游性的改造。

中华文化的历久不衰、薪火相传，大多仰仗于散落乡村的非物质文化。大到世上独一无二、放之四海而皆准的农业哲学思想"天时地利人和"；中到农业税收制度、土地制度、农户管理的村社制度，农业生产中的经济模式，农业生产技术；小到民风、民俗、方言、礼仪、节日、节令、中医药、传统乐曲、传统手工艺等，乡村中蕴藏的非物质文化遗产是一个巨大的科学技术和文学艺术宝库，如今在西方文明为主的现代生活方式引导下，这个宝库不要说开发利用，大多无人延续，其消失的速度十分惊人。就以日本为例，之所以在不长的时间里能以科技立国，赶上发达国家的技术水平，与其十分重视非物质文化遗产传承的理念密切相关。当今世界，美国以高新技术胜，中国以数量胜，日本则以历代传承的精巧工匠胜。一项技艺只要社会需要，哪怕不赚钱，几十代人一脉传承，百年老店，甚至千年老店遍布全国，这是非物质文化遗产传承最具体的体现。13亿人的中国历史上流传至今的百年老店已是屈指可数，而且不少还在迅速消亡，这是民族的悲哀。两亿多农民涌入城镇寻找生计，自顾不暇，而随着中国城市化快速的发展，农村男性

特色小镇建设的实践与启示

青壮年劳动力进城打工的数量剧增,广大农村留守的妇女、儿童、老人自然成为一个特殊群体备受关注,谁来承接祖先几千年来留给我们的非物质文化香火?纵观人类历史,城市虽然在近些年得到了更多地关注与发展,但乡村是可以联系人们心灵的纽带。如果我们还是只知道从乡村索取,一味索取物质层面的"营养",不知道从乡村汲取传统、汲取精神的营养,人们所追求的现代文明将只是空中楼阁。

城镇化的本意应是不论生活在何处,都能享受到与城市一样的公共设施和公共服务。城镇化不是赶农民上楼。农民的生产生活方式与城里人不同,他们远离集市,不像城里人下楼即可买到想买的东西。他们需要在房前屋后利用空闲时间种瓜种菜,养点家禽家畜,以供自用,他们需要有存放农具的场所、晾晒农产品的场地。

茯茶小镇——传统文化的展示

赶他们上楼,生活条件是改善了,可生活成本却大大提高了,本来就不富裕的农民承受不起猛增的"巨大"生活成本。上楼的农民闲暇时间找不到用武之地,无所事事,倍感空虚。他们热切盼望在改善生活条件的同时,尽快改善生产条件。所以说,城镇化的实质并不是消灭村庄。乡村既是食物资源的保障者,也是人们共同生活、精神依托的家园;既是城镇化廉价土地的供给者,也是生态环境的守护者;既是内需市场的提供者,也是新兴产业的发展地;既是传统文明的载体和源头,也是现代文明的根基。乡村与城镇的关系就像一对夫妻,各自承担着不同的功能,谁也不能取代谁,缺一不可,否则人类将无法繁衍。伴随着城镇化的进程,一部分农民迁到大中城市,而发展小城镇可以说是解决农民就地、就近城镇化的最佳途径,中国十三亿多人如果都涌到大中城市,其后果将难以想象。即使在发达国家，小城镇也是主体，美国3万人以下的小城镇多达34000多个，10万人以下的小城镇占城市总数的99%。

德国10万人以下的小城镇承载着60%以上的人口。由于城市病的泛滥，在欧洲及南美洲逆城市化的人口回流农村已成趋势。德国有40%多的人口居住在农村和城市近郊，整个欧盟的最新数据统计，居住在农村的人口高达58%，只有42%的人口居住在城市。中国的城镇化何去何从，需要有一个清醒的认识。

"花园城市"新加坡

"田园组团"和"建筑组团"交叉展开的现代城市规划理念可以说是解决"乡愁"的一剂良药，如今也在中国落地生根。"逆城市化"现象地发生为未来城市建设提出了一个崭新的课题，城市建设中如何把农业作为城市生态的有机组成部分，进而有效地提升城市环境、生态质量是发达国家正在探索以及实践的新思路。巴黎市针对这一点提出：要通过城市文明与农耕文明的交替迭现，满足市民越来越浓的回归自然的田园兴趣，方法就是把"建筑组团"和"田园组团"错杂排列。伦敦的城市农场和社区果园遍布学校公园，农作物一直种到市民的院落和阳台。日本的市民农园已超过3000家，仅东京就有几百家。新加坡在城市发展中保留一半的面积作为农业用地，这些农业用地与城市建成区绿地相互渗透，形成了极富特色的城市优美风光。"都市中的田园"和"田园中的都市"相映成趣，使人们在现代文明中体验着传统文明，在传统文明中享受着现代文明，让两个文明不仅没有"割

茯茶小镇——乡愁的记忆

裂",而且在互相交融、相互依存中共生共荣,同步发展。这种两个组团交叉展开的城市发展新理念,不仅可以稀释久居城市的游子的乡愁,同时还可具有科普教化功能,让城里长大的孩子和广大市民有机会参观体验参与农业生产,使他们知道动植物的生长过程,了解生命的来之不易,从而懂得珍惜生命,不做或少做那些违背规律的荒唐事。

  故乡可以说是很多人都急于挣脱,挣脱后又会无比怀念的地方。这就是人生旅程中对家乡的情感羁绊。乡情是中国人情感的永恒主题。这里有一个哲学命题摆在我们面前:今天的乡村是前线还是后方,农民进城是攻入了城市还是撤退到了城市,值得我们思考。今天中国的乡村是时代的前线,是灵魂的后方。说它是前线,因为"三农"是全社会聚焦的焦点;说它是后方,因为每个从那里走出来的人都会时时泛起挥之不去的怀念。城镇化是文明社会化的基本特征,当下的中国,城镇化还远远没有完成,还需要不断向前推进,我们应充分认识到乡村的价值,没有乡村,就没有城市,城市的存在是以乡村为基础的,乡村是城市的源头活水。2010年在上海召开的世博会主题便是城市,但在

| 谋望——茯茶小镇建设的思路 |

世博会上却专门建设了一个乡村馆，它以宁波滕头村的生动实践告诉人们：城市让生活更美好，乡村让城市更向往。"浮云游子意，落日故园情"，对游子来说，一个人的一生其实就是对故乡的两个"真好"的感叹：年轻时，终于离开家了，真好！到老年，终于又回到家乡了，真好！"乡愁"贯穿于人生这段从"离"到"归"的全过程，但如"归"后已找不到往日的记忆，"乡愁"将变成无尽的延续。"乡愁"可以看作中华文化之根之源，中央提出城镇化的发展，要让居民"记得住乡愁"，这是顺应世情人心的卓见，这是对承继传统文化的呼唤，这是对中华民族保根护源的告诫。

如果没有对本土文化和自然的敬畏之心，在没有规划或规划不科学的情况下便盲目发展，对城乡的发展而言都容易走入误区，对城乡的生态环境和人文脉络更会造成一种难以修复的破坏。今后城乡人居环境建设必然要走一条可持续发展的道路，可持续发展是要以保护自然为基础，与资源、环境的承载力相协调发展的同时必须治理环境，包括控制环境污染，改善环境质量，保护生态系统的完整性，生物品种的多样性。与此同时，认清人的内心需求所在，共筑人类的精神家园，为文化的传承，信仰的延续提供土壤。

9. 小结

近年来，随着信息和网络技术的发展，社会结构、城市功能和人们的生活模式均发生了极大变化。将"传统与现代"对立的思维方法已经过时，在许多场合，它们相互融合，相得益彰。茯茶小镇的设计理念就是要在现代生活中融入乡土文化，打造极富地域特色的旅游休憩地。全球化环境下国际式建筑的泛滥、建筑和城市文化特色的逐渐消退，使人们愈来愈意识到恢复建筑文化与乡土地域关联的重要性与紧迫性。在全球化时代，要避免文化趋同，就意味着要打破狭窄的地域视野，摒弃封闭保守的文化观念，容纳全球意识，努力发掘地域文化精华，应用新技术和新材料，根据当地条件和现代生活方式，创造最符合生态节能原理和经济规律的建筑。只有这样，才能满足乡土文化可持续发展的时代要求。因此，乡情的回归，乡土建筑的打造，已成为化解传统地域文化与现代技术诸多矛盾的一剂良方，而茯茶小镇就是其中的典型案例之一。

三、定位——茯茶小镇的整体策略

1. 茯茶小镇的整体策略

茯茶小镇以弘扬茯茶文化、发展茯茶产业为目标，依托泾阳茯茶文化，充分融入关中民俗文化、关中生活文化的元素和理念，通过引入有实力、有品牌的民营资本进行股权合作，着力发展混合所有制经济，打造茯茶文化产业园，带动周边村镇经济及旅游开发，使农民家家户户可参与经营，探索出一条独具特色的城镇化发展道路。

项目的整体定位是：依托茶产业独特的工艺与文化以及场地优良的生态基底，充分利用场地的自然景观和人文景观，形成高端的"可览、可游、可玩、可居"的田园式景观和集"生产—展示—销售—休闲—康乐"于一体的茯茶产业综合体。

项目的整体目标是：打造茯茶产业集群，创造高端休闲旅游综合体，城镇化建设示范基地，产业与旅游结合的升级模式。最终将项目打造成为茯茶文化休闲旅游新标杆，全国城乡统筹模式新榜样。

项目规划强调产业联动发展：旅游产业——度假酒店、体验式农庄、休闲养生共同构成；文化产业——茯茶主题博物馆、风情街、文化广场共同构成；茯茶产业——茯茶生产、展览、交易及文化纪念品等；三大产业相互交叉、相互联系、相互促进，使茯茶小镇的整个产业联动起来，形成完善产业链，共同驱动小镇的健康发展。

茯茶小镇项目以"泾阳茯茶"为灵魂，通过文化旅游完善周边文化居住配套，打造"茯茶小镇"。其中，茯茶文化产业园以茯茶文化的挖掘和传承为切入点，建立以茯茶为核心的文化产业链条，生产园区的规划设计应充分考虑泾阳茯茶产品生产、研发、体验及文化展示等功能，并带动周边村镇经济及旅游开发；茯茶小镇的规划建设充分融入了茯茶文化、关中民俗文化、关中生活文化的元素和概念，以低密度住宅、商业为主，风格古朴、有历史内涵。

其中，茯茶文化产业园以茯茶文化的挖掘和传承为切入点，通过引入当

茯茶小镇鸟瞰

地茯茶龙头企业，打造茯茶上下游完整产业链条，建立集茯茶产品生产、研发、体验及文化展示为一体的新型综合性园区。茯茶博物馆位于茯茶小镇中心，建筑面积8000平方米，是集展陈、表演、办公及研究等为一体的综合性建筑体。景观提升改造项目占地面积约113亩，其中水系长度约为1公里，水域面积约11293平方米，通过"五福"（茯园、富园、福园、赋园、孵园）格局的巧妙搭配，将关中文化、茯茶体验、田园生态、商业经营进行高度融合互动。商业展示区规划建筑面积约12万平方米，其中地上建筑面积约7.8万平方米，建筑风格充分融入了关中民俗建筑元素，风格古朴，包括餐饮购物、温泉酒店、民俗客栈、剧院餐厅、企业会所等多种业态。

（1）产业联动，城乡协调发展

茯茶小镇的建设是改善城乡人居环境的一次实践，同时也是提高当地经济发展的一次探索。随着社会地不断发展，城乡差距越来越大，财富、资源都集中在城市里，乡村的本地居民陆续出走，乡村在逐渐凋零。如果不采取城乡联动的产业发展策略，进一步协调平衡城乡的发展，便会最终阻碍社会的发展。

消灭城乡之间的差别是马克思主义对未来社会发展设想的重要内容，是建设社会主义最本质的要求。但最近几十年间，快速城市化成为一柄双刃

茯茶小镇鸟瞰

剑，在促进整个社会经济快速发展的同时，城乡之间的发展严重失衡，城乡差距日益扩大，严重阻碍了整个社会生产关系的进步。中央提出的将城乡统筹发展作为"五个统筹"的首要内容，以统筹的方式促进城乡社会经济一体化的协调发展。同时，现阶段在面对国内外经济形势严峻的情况下，下行压力不断地增加也提出了要积极引导城市化的健康发展，并且能够将新型城镇化作为我国经济增长的持久动力和扩大内需的最大潜力。不过就现实情况而言，城市区域化的趋势十分明显，城市或是区域在全球范围内的发展环境中的竞争十分的激烈。那么，如何才能在新型城镇化过程中既能不断地促进经济发展，提升整个城市或是地区的综合竞争能力，同时又能进一步地统筹协调城乡之间的发展，促进整个社会的公平、公正。城乡产业协调发展是推动城乡整体发展的重要组成内容、物质支撑和有效途径，是促进和谐社会的基础，是实施科学发展的重要支撑点。不仅如此，公共管理部门也必须在城乡产业统筹发展中引入战略管理思想，不断的创新战略管理模式，才能妥善处理好整个社会效率与公平的关系。

（2）城乡协调发展的目标

从城乡差别是否消失的角度来定位：一些学者认为城乡协调发展的目标是在生产力高度发达的基础上，城乡差别基本消失、城乡关系能够达到完全的融洽。还有一部分学者认为城乡协调的目标并非是消灭城乡差别，而是实现城乡资源配置的优化以及城乡社会、经济、文化的可持续的协调发展。

从城乡生产要素的合理配置来定位：学者们普遍认为其目的在于改善城乡结构和功能，协调城乡间的利益以及利益的再分配事宜，实现城乡生产要素合理配置进而保证城乡的可持续发展。

把满足人的需求以及追求发展作为终极目标：有学者认为城乡协调发展是在保存城市和乡村各自特色的前提下，城乡经济都得到高速的发展，给生活在其中的人们带来极大的满足感；还有部分学者为城乡协调发展的目标是平等发展，而平等发展的核心便是城乡经济利益的平等。

以上从不同角度出发而制定的城乡统筹发展的目标可以看作为城乡协调的一部分，它们互相之间并不存在矛盾。只有生产要素的合理配置才能够使城乡得到共同的发展，才能满足人们的迫切需求。也只有当生产要素进行了合理地配置，同时能将城市以及乡村作为一个整体平等对待，才能最终消除城乡间的差别，实现城乡间的协调。

（3）城市化与城乡协调发展的模式

自改革开放以来，产生的大量农业剩余劳动力已经成为影响我国经济发展、社会安稳的重要问题，亟待解决。而以此为背景更是引发了关于我国城市化道路的合理方案的讨论及研究。学者们普遍都意识到农村剩余劳动力的数量十分巨大，让他们全部进入城市是没有这个条件的，也是行不通的。相对而言，而进入小城镇则既可以节约资金，又可以稳定社会。因而，解决这部分剩余劳动力应以小城镇就地转化为主，这样的策略也是与我国城市发展方针十分吻合的。在各种研究中，也不乏支持"以发展大中城市为主"的学者。有些学者主张采取发展大中城市与小城镇相结合的"二元城市化"战略。也有学者甚至将城市化道路分类为单轨城市化、双轨城市化、三轨城市化三种。城乡协调发展的动力不同的地区存在着一定的差异，而城乡协调发展的模式也应是多样的而非是单一的、一成不变的。

而在一些区域内城乡产业结构的不合理、生态遭受破坏、环境污染严重等一系列因素都会成为城乡难以协调发展的原因。随着社会经济的高速发展，城市的污染已经有向乡村转移的趋势，这也加重了乡村的环境污染，使得乡村的生态环境进一步恶化。而现实存在的城乡资金投放上的偏差、市场政策不健全、市场发展水平低、城乡商品流通不通畅及一些人为原因都会成为阻碍城乡协调发展的重要因素。不同地区的发展应该因地制宜，深入调查研究挖掘出制约城乡协调发展的核心因素，并以科学的方法分析其制约程度以拟定切实可行的对策。

2. 茯茶产业发展的策略

发展茯茶产业既要以市场为导向，同时要消除市场的恶性竞争。并按照国家的有关政策，实现"市场共享"，既要考虑资源的独特性、差异性，又要体现推行联合性，遵循市场规律，以优质服务和实际行动去赢取市场。

（1）不同地区打造各自的主题，实现差异化开发

泾阳地区茯茶文化资源多样，可开发的主题也颇为丰富，例如可以开展以识茶、品茶、鉴茶、赏茶及购买特色茶产品为主题的系列活动，茯茶小镇就举行了"茯茶姑娘"评选活动，推广茯茶文化及茶道文化。同时可以再进一步继续将茶文化与山水资源结合，发展具有生态保健主题的茶文化旅游。结合关中丰富的传统文化在茶文化旅游节庆的方面进行一定的拓展，以茶文化节庆为契机，进行主题和特色的创新，继续通过节庆活动推动茯茶小镇茶旅游的发展。通过以上一系列措施，既可以带给游客不同的茶文化体验，不让其觉得各地茶文化、各种茶文化旅游都是千篇一律的，同时也能避免地区之间同质性的竞争，有利于区域内部的良性竞争与和谐发展。所以，对茯茶小镇茶文化旅游资源的开发是依据其资源自身的特性及与其他地区的相似性、差异性，采用统筹规划，取长补短、优势互补等方式加以整合，建设成极具关中特色，传承地方风土文化的特色小镇。

（2）创新茯茶文化旅游产品的多样性，体现茯茶文化内涵的层次性

茯茶小镇的建成时间虽然不长，但已形成了具有一定竞争力和吸引力的旅游产品。

学者们通过对市场的调查发现，目前国内的茶文化旅游是以景区观光、茶艺表演、茶园采制等活动为主的，产品结构很多年都不调整，这样虽然吸

| 谋望——茯茶小镇建设的思路 |

茯茶小镇特色活动

引了一批游客,但是有着重游率较低、游客在景区停留时间短,消费少等明显特点。结合这些研究,我们作为茯茶小镇的建设者,分析出导致这种结果的原因主要有两点:一是对茶文化旅游产品开发的层次、组合不足;二是茶文化精神内涵挖掘不足。

  茯茶文化旅游产品的横向组合包括了茯茶文化的物质性和精神性资源为吸引力的核心部分,以及围绕这一核心而衍生出的其他旅游产品和食、住、行、游、购、娱的产品,如品茶、赏泉、吃茶餐、茶点、茶宴,茯茶文化主题酒店、山庄,参加各项茯茶文化旅游中的活动,购买特色茶产品、茶叶、茶具、日化用品、茶叶书籍等,实现旅游各要素的一体化经营。纵向组合应包括横向层面各大类产品自身所包含的丰富内容及旅游项目,如:茯茶产业园景观包含的名山胜水、茶园、茶馆、茶加工厂、茶博物馆、茗具观赏等项目;茯茶文化产品包含的茶道、茶节庆、茶礼俗、宗教茶仪式等文化活动;茯茶艺术产品包含的茶艺表演、茶歌、茶舞等这些茯茶文化资源分别体现出不同的历史价值、科学价值、美学价值、保健价值、艺术价值、民族文化价

值等非物质性,对大多数游客来说都是极具吸引力的。茯茶小镇用不断创新开发各种旅游产品的方式,借以实现旅游产品的多样性,为前来的游客提供更多选择性。

茯茶小镇的茶馆

(3)注重茯茶文化旅游商品的设计,提升茯茶品牌的整体形象

茯茶文化旅游商品是茯茶文化旅游资源的重要组成部分,也是非常容易被游客关注到的部分,它能增强本区域旅游资源的吸引力。经过有关学者的调查研究发现,游客购买欲最强的旅游商品除了常见的茶具、茶叶,还表现出对茶饮料、茶食品、茶日化产品的期盼。作为开发建设项目,游客的期待,就是市场的需求,就是我们努力的方向。因此,在开发茯茶文化旅游商品或者纪念品时,是以游客为中心进行设计和创新的,并且及时掌握市场以及潮流的变化趋势。在开发旅游商品时注重策略,形成特色品牌,提高知名度。出售的茶旅游商品琳琅满目、类型多样。还有茶食品,有非常大的开发余地,包括了茶点心、茶瓜子、茶饼干、茶糖果、茶蜜饯、抹茶粉、速溶的奶茶等许多种类。

另外,在设计茯茶文化旅游纪念品时非常重要的要素,就是需要赋予其鲜明的地域特色和丰富的茯茶文化内涵。如果各地茶文化旅游纪念品缺乏地方特色和文化,就会出现以茶文化为主题的旅游地售出的商品基本大同小异,缺乏创造力及新鲜感。所以,对于旅游产品的开发而言,需要请专业的设计师精心制作,在充分了解本地区的民俗、文化、茶产品等特征之后,将产品的设计融入现代人的生活之中,使茶文化旅游纪念品既具地方性、民族性,也具国际性。

（4）加强茯茶小镇景区的整体形象包装、提高宣传力度

随着科技的高速发展，游客们获取旅游的信息途径也越来越多，旅游咨询五花八门，总体来说是越来越趋向于根据旅游地的整体形象感来选择目的地，可以说是一种旅游地营销的模式，这也成为未来的一种发展趋势。经过调查可以发现，目前游客获取景区信息的主流途径仍是亲朋好友的介绍，这也恰恰说明了在宣传的时候对于电视及网络媒体的力度还不够。茯茶文化旅游的目标顾客是生活在城市的人们，借助互联网，运用网络营销手段目前可以说是一种既节约成本、又能立竿见影的推广途径。互联网宣传的优点极为显著，投入工作的人员少，渠道多，可以最大限度节省成本。网络营销还具有可以跨越时空，信息传播速度极快等特点，使原本无法想象、触及的市场现在变得触手可及，并且获取信息的数量与精确度远超过其他媒体，有利于茯茶文化在海内外的大力传播。茯茶小镇要建立自己的网站，将景区的基本概况及鲜明特色，通过文字、图片等方式向外传播，并开设游客留言区，上传旅游感悟及照片，最大限度地刺激人们的兴趣，激发旅游需求，使潜在旅游者变为现实旅游。

此外，电视的宣传也是非常重要的，目前市面上有一些茶产区或者茶旅游地早已开始在中央电视台投放广告，扩大品牌影响力，进行形象宣传，例如河南信阳毛尖茶区、福建武夷山、云南普海市等。还有一些传统的宣传方式也不容忽视，比如，近几年苏州市吴中区连续在沈阳、北京等地举行春季"洞庭碧螺春茶文化旅游节"产品推荐会，旨在提升洞庭山碧螺春茶的知名度，展示了洞庭碧螺春茶的悠久历史和人文精粹，使沈阳、北京及周边地区的经销商对碧螺春茶有进一步的了解。这样的方式也是茯茶小镇可以借鉴的，就像"茯茶姑娘茶话会"这样的活动，就可以持续开展。

除此之外还可以进行其他渠道，多种形式的宣传促销，通过报刊志、广告牌等传播信息，还有各种商交会、节庆活动上也可以开展宣传，给游客们赠送一些设计精美的旅游宣传纪念品，如茶叶、茶具，或者茶书籍、手册等，借助游客来宣传推广。茯茶小镇的建设旨在打造区域旅游品牌，塑造品牌形象，推广区域茶文化旅游产品，提高茯茶小镇的知名度，提升茯茶小镇

茯茶小镇特色茶旅游纪念品

茯茶小镇"茯茶姑娘"选秀活动现场

的综合竞争实力和影响力。

3. 旅游餐饮及其他产业发展策略

　　拥有比较丰富的旅游资源，能提供观光、休闲等旅游服务，是小城镇发展旅游产业的基础。近年来随着我国"大众化旅游时代"的到来，小城镇的旅游型功能发展十分迅速。与其他类型小城镇不同，旅游型小城镇拥有着非常强的可持续发展能力，它能协调产业结构、转变小城镇的发展模式，促进传统文化的保护与传承，能够在快速的经济发展与环境保护的矛盾之间找到平衡。通过发展旅游业，可以进一步增强对环境生态的保护，为城乡居民提供一种新的生活方式，为乡村复兴提供了新的机遇，进而为更加和谐的城乡关系创造出新的模式。因此，必须扎根于本地的自然、文化资源，才能极大地促进小城镇的发展。

（1）茶产区自然风光游

　　以茯茶园自然景观、茶叶的生产及制作活动以及特色茶产品为主要吸引元素，开发不同的主题，满足不同类型游客的个性需求，主要类型有：

特色小镇建设的实践与启示

①茶园观光

凭借自身良好的生态环境，开展茶园生态旅游。茶园的生态环境良好，可在茶叶的采摘季节请游客入园、亲身体会采茶的乐趣，增加游客对茶文化的感悟、观景、赏艺、品茶，让游客们乐在其中。除了让游客感受茶园的自然风光和乡土气息，还可以参与手工制作茶叶、品茶等活动，开发出更多的游憩乐趣。当地原住民利用自家庭院、自己生产的茶叶和一些其他当季的农产品以及周围的田园风光、自然景点都可以吸引游客前来旅游。茯茶园的自然资源还具有科学考察以及教育的功能。以现代茶园、茶厂为重点，开发新的茶业技术科普茶叶相关知识等内容，使游客增长茶文化相关知识。

②茶叶保健

茶叶的保健作用很早就被劳动人民所发现，古文献《本草拾遗》和《茶谱》等著作中都有谈及"茶有止渴、清神、消食、利尿、祛痰、明明、益思、除烦、去腻、少卧轻身、消炎解毒等功效。"现代茶叶科学研究发现，茶叶内含成分极为丰富，有多种化学成分，而其中相当一部分已被证明对人体有明显的保健和药用价值。据研究可以说明，饮茶不仅可以解乏消暑、补充多种维生素，而且还具有一定的强健心肌、防癌抗癌等作用。在旅游过程中饮茶可以消解疲乏、促进生理机能的恢复。长期饮茶更可以强身健体、延年益寿。借此开展的茶园健身游、茶养生体验馆，并结合茶知识讲座等，可让游客在享受良好自然环境

《本草纲目拾遗》

的同时，增长预防疾病、健身等知识。

自然景观是茯茶文化旅游中相对直观的初级层次，也是静态文化或是说物化的文化体系，这只是茯茶文化旅游开发的初级层面，主要满足比较大众化的观光旅游需求。目前，全国的茶文化旅游大部分还是以自然观光为主的，一部分结合了农家乐的类型，还是缺少对茶文化自然资源较深层次的开

发，比如茶叶科技旅游、保健生态游等，这也说明了对茶文化旅游资源利用的层次和深度都不足，这也是茯茶小镇开发过程中需要重视的。

（2）茶文化历史遗迹遗产游

茶文化历史古迹旅游资源的主要特点是具有历史和时代的双重性。在茯茶文化发展的漫长历史中，各阶段茶叶种植、生产、加工、科学技术、贸易等发展水平都在遗存下的文物古迹中得以展现出来。因此，这些遗址基本上可以被称为是茯茶文化与历史的真实写照。作为茯茶文化的起源地和发源地，肯定会留下的茶文物古迹遗产，这些资源形式多样、种类繁多，具有深厚的民族特色和地域特征，可以从不同的侧面开发、展示其蕴含的历史文化价值。不过，需要注意的是开发此类资源首先最为重要的就是要保护资源，由于遗迹遗产是在漫长的历史中形成的，因而具有不可再生性，一旦破坏，就会永远的消失。

①茶文化博物馆旅游

博物馆是为展示整个社会发展而服务的，向大众开放普及。是以研究、教育、欣赏为目的，征集、保护、研究、传播并展出人类及人类环境的物证。茯茶文化博物馆是对茶叶历史文化和民族风情的展示，是一类独特的旅游资源，具有非常强的旅游吸引力。

茯茶博物馆分茶文化历史实物、品茶、茶文化、茶艺等不同功能展示区。对茯茶从历史、形成、制作、品质等分类进行详细的展示，包括茯茶文化与名人故事，以及民间传说、营养价值和保健养生菜肴、怎样品饮、储藏等知识的介绍。展示区所有跟茶有关的文物都是对当时茶文化实物的再现，可以使游客更为直观地了解茶文化及其历史，并借助现代美术、光影、音乐、雕像等先进的技术手段，激发游客们进一步感受和体验茶文化的兴趣。

②特色茶馆体验

茶馆在我国是一个非常古老的行业，在茶馆的经营活动中所产生的文化现象，即被称为茶馆文化。茶馆文化就广义而言，包涵了茶馆、茶楼、茶坊、茶艺馆、茶道馆等各种名目繁多的公共饮茶场所的茶文化现象，是茶文化的一个组成部分，是一定社会政治和经济的反映，是人们的行为方式、文

茯茶小镇的特色茶馆

化心理客观而真实的写照,是伴随着茶馆形成和发展的进行的。

目前,我国的茶馆有传统型茶馆、艺能型茶馆、复合型茶馆、时尚型茶馆等不同类型,而每个城市和地区的茶馆文化都含有自身的地域特征。茯茶茶馆设施和茶馆内的各种文化活动是吸引游客前往的主要内容,设施如茶桌、茶椅、茶馆内装潢等,茶具、杯、壶、盖碗茶碗等;除了品茶、茶艺表演,茶馆内还可以举办戏曲等极具关中地方风情和特色的各类民间文艺活动。游客前来茶馆体验,不仅可以领略香茗和壶具之美,欣赏茶馆内特色的建筑风格,还能观赏具有地方特色的文化活动或者表演,这些有助于培养和提高游客对艺术和美的鉴别能力、欣赏能力和创造能力。

(3)经济策略与产业布局规划

茯茶小镇的建设强调扎根于本地自然、文化资源,强调地域特色的构建,同时也要带动地方经济的发展。在对本土文化及产业充分挖掘的基础上,合理地使用经济策略布局产业也是十分必要的。茯茶小镇的建设十分符合西咸新区近几年在政策上的引导,故也得到了强大的政策支持。

| 谋望——茯茶小镇建设的思路

西咸新区贯彻"大众创业、万众创新"战略部署，创新城市发展方式，关注"人口流动指数"，研究引导人口的流入以及人才的流入，从"开发土地"向"开发人"转变，举办了"西部创新发展论坛""第三届陕西青年创新创业大赛"，"2015中国大学生创业节"，营造了浓厚"双创"氛围。此外一批人气产业落地，新区人气大幅提升，乐华欢乐世界2015年7月1日开园，开园后日均接待游客两万人。2015年8月19日，茯茶小镇一期火爆开园，首周客流量累计达到38.5万人，四个月时间访客超500万人次，成为西安周边文化民俗游热点选择。

茯茶小镇街景

①产业策略

产业策略一：科技附加型产业注入。以高附加值产品为主导，人才、科技、产品深加工、展销等功能。发展茯茶产业，打造生产、研发、展览及销售的完整产业链，提高茯茶产品附加值。以茯茶文化为亮点，发展特色体验式观光等主题旅游。

产业策略二：配套协调型产业发展。以完善产业链构成为己任，解决当地就业，为上述产业配备必要服务。结合茯茶产业及特色文化旅游，就地解决当地村民的就业问题，如发展茶文化体验、慢生活体验、乡土民俗文化体验等。

产业策略三：基础产业+中间产业+延展产业。

②旅游发展策略

旅游发展策略一：康体旅游。康体旅游：休闲娱乐+健康养生，高端旅游产品，场地周边区域生态环境良好，清幽雅静，未来将打造成为以康体旅游为主的高端休闲度假区，包括康体养生、休闲娱乐、主题酒店等。

■ 109

旅游发展策略二：体验旅游。体验旅游：茶文化体验+慢生活体验，中端旅游产品。通过多样化景观手法打造层次丰富、景观优美的田园式景观，面对以休闲体验、家庭度假为主的中端客户，采用茶文化体验+慢生活体验的旅游产品设计，重点打造茯茶主题博物馆、茯茶文化风情街等，提供观光、体验、休闲等一系列主题服务。

旅游发展策略三：近郊休闲旅游。近郊休闲旅游：体验式农庄，低端旅游产品，为新农村建设助力。对于周边一日游的游客，以优美的田园景观作为主要亮点，配以民俗风情的餐饮、休闲娱乐、展示及零售。主要项目包括农家乐、农家风情体验、特色民俗等。

③功能配置策略

茯茶小镇项目提供的生产性服务业集聚区十大平台。如下图示：

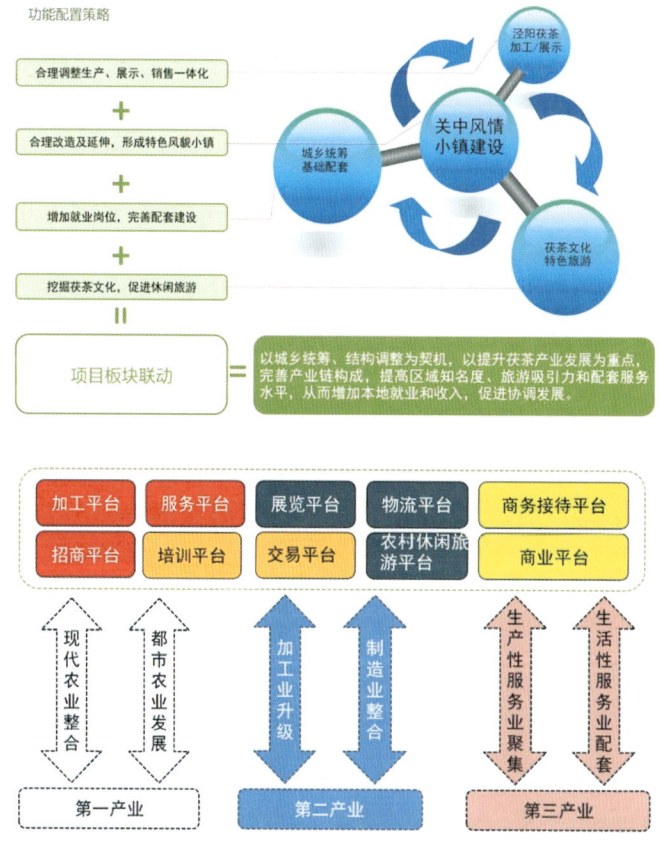

④旅游路线整合

前期工作计划与实施：

·联络并获取相关景点资料，掌握景点相关信息。主要收集景点为西咸农庄、崇文塔景区、茯茶小镇、科技生态园、天心庄园的相关资料，设计一条旅游线路，初步制定旅游线路运营管理方案。

·了解目前接待游客量最大的地接社，并对接接团最多、业绩最好的旅行社，整理汇总旅游运行资料信息，制定旅游线路招商计划。

·依据初步确定有合作意向的旅行社，发送宣传册和相关旅游资料，并运用佣金方式要求旅行社推广旅游线路。同时邀请重要意向旅行社的相关领导来线路视察，增强推广景区的信心。

·与旅行社商谈合作意向及条件，确定合作方式，要求旅行社组织批量人员参观游览。

目前完成情况：

目前各项工作均已按计划完成，现与旅行社初步形成合作意向。同时为保证西咸新区泾河新城内的前期景点的顺畅宣传工作，已完成相关旅游宣传单页、海报、展架等多种前期宣传物料。

后期发展规划：

依据前期旅游市场推广情况，修改并制定新的旅游线路营运方案，加强媒体宣传推广，树立田园新城旅游品牌，逐步调整与各大旅行社合作模式，并与泾阳县及周边旅游资源相结合，打造精品旅游项目。

4. 完善的基础设施建设策略

近年来"自驾游"已经成为旅游出行的重要出行方式之一，但是由于一些前往景区的道路或是景区中的道路狭窄、路况不佳及旅游交通沿线的路标、路牌、旅游标示牌的标志不明显等情况，游客在寻找目的地的时候可能会出现车辆堵塞、走错路线等现象，以致浪费时间，破坏了游玩兴致。所以在旅游开发时必须加强沿线的标识牌、加油站、修车厂、停车场等一系列配套设施的完善，规范有关的管理，不断提高其旅游接待水平和服务质量。除了旅游地最容易出现的车辆堵塞、停车位不够，公厕太少等问题也需要被关

特色小镇建设的实践与启示

注。茯茶小镇的发展除了茯茶文化的发扬，必须完善餐饮、住宿、交通、水电、卫生、购物等相关配套设施。

5. 项目的整体统筹发展

茯茶小镇的规划建设以茯茶文化的挖掘和传承为切入点，建立以茯茶为核心的文化产业链条。在建设过程中，建设团队按照"龙头企业带动、广泛农户参与、提高村集体组织化程度"的要求，全面扎实推动各项工作快速向前。

在"龙头企业带动"方面，先后与泾阳县60多家茯茶生产企业进行了接洽，并最终与三家实力较强的企业达成了合作意愿，并入驻茯茶小镇。与这些龙头企业进行深度合作，打造全新概念的茯茶产业园区，茯茶的生产不再是封闭的流水线作业，而是将生产加工与旅游体验有机结合，让消费者可以亲身参与茯茶生产，感受浓郁的茯茶文化魅力，进一步带动消费需求。

引导"广大农户共同参与开发建设"，是茯茶小镇项目城乡统筹工作的一次创新和突破，针对双赵村的改造工程，我们创造性地提出了"政府引导、村民自愿参与、就地改造、市场化运作"的工作思路，按照"以人为核心"的城镇化理念，坚持"不拆房、不新建"的基本原则，在努力保留村庄原始风貌的前提下，对双赵村就地进行改造。首批58户改造项目以关中传统的民居建筑风格为基础，根据原有房屋的布局形态，因地制宜、就地取材，营造浓郁的关中民俗风情和特色鲜明的地域文化。同时，通过拓宽修整村内道路、修建公共照明设施、集中改造雨污水管道、建立垃圾处理站等一系列措施，为村民打造整洁、优美、舒适的生活环境。

在"提高集体组织化程度"方面，我们在努力为当地群众创造良好生活环境的同时，还积极引导和帮扶村集体成立泾河新城双赵实业发展有限公司，让农民以集体土地、宅基地等形式入股，共同参与村集体经济组织的运营和管理，使农民既有经营收入，又有入股分红，真正做到持续增收。在此基础上，还联系职业技术学院的老师，为双赵村村民免费开展各类职业技能培训，让群众掌握一技之长，并扶持帮助群众开展农家乐等各种形式的经营活动，实现人人能就业，家家有产业。

落定

茯茶小镇
的建设和实施

其心安焉,不见异物而迁焉
——《齐书》

在知人,在安民
——《史记·夏本纪》

窃闻致理之要,惟在于安民
——张居正

一、安民——当地村民的安置与培训

1. 现状社会经济条件调查

泾阳全县在2011年实现地区生产总值101.52亿元，按可比价格计算，比2010年增长12.5%。分产业看，第一产业增加值35.23亿元，增长7.7%；第二产业增加值35.16亿元，增长18.6%；第三产业增加值31.13亿元，增长11.1%。人均生产总值达到20758元，增加3379元。全年财政总收入5.24亿元，同比增长6.9%，人均财政总收入1072元增长9.9%；其中地方财政预算收入2.22亿元，同比增长28%；财政支出12.74亿元，同比增长14.7%，其中农、科、教、文、卫和社会保障等重点支出9.6亿元，占财政总支出比重的75.4%。全县城镇居民人均消费支出10 404元，增长14.2%。农民人均纯收入7205元，增长26.6%，人均消费支出5873元，增长34.4%。人口与劳力人口继续保持低增长：2011年末全县总户数146 020户，户籍总人口523 639人，其中男性267 215人，女性256 424人。全年出生6146人，死亡2251人，出生率11.83‰；死亡率6.98‰；人口自增率4.85‰。人民生活水平进一步提高：全县城镇居民人均可支配收入22 915元，比2010年增长17.3%。

全县农业产业化经营取得新进展，畜菜果主导产业在全省的优势地位进一步巩固，蔬菜种植居全省首位；奶牛养殖列陕西省第一、跨入全国五强；2011年全县实现农林牧渔业增加值35.23亿元，其中农业26.41亿元，林业0.04亿元、牧业7.32亿元，渔业0.03亿元，农林牧渔服务业1.43亿元。粮食总产量24.87万吨，其中夏粮12.31万吨，秋粮12.56万吨；蔬菜产量152.2万吨。2011年底奶牛存栏7.2万头；奶山羊存栏18.14万只；生猪存栏19.82万头；家禽存栏205万只；肉类总产量2.25万吨；奶类总产量21.1万吨；蛋类总产量1.54万吨。全县工业不断发展壮大，食品加工、建筑建材、医药制造、机械加工、电磁线缆五大支柱产业发展良好，被授予"全国食品工业强县"称号，2011年全年实现工业增加值35.16亿元，比2010年增长18.6%，其中规模以上工业（年主营业务收入2000万元以上）增加值23.19亿元，增长21.8%，规模以下工业增加值8.97亿元，增长11%。全年43户规模工业企业共完成产值

特色小镇建设的实践与启示

84.9亿元，同比增长29.8%，其中食品加工、建筑建材、机械加工、医药化工、饲料农资、电线电缆等六大支柱产业累计完成产值73.54亿元，占全部规模工业产值的86.6%，同比增长29.3%。全年全社会建筑业增加值3亿元，同比增长18.4%。全县具有资质等级的建筑业企业完成总产值8.2亿元，同比增长36.5%；实现利润1.3亿元。房屋建筑施工面积86.52万平方米，房屋竣工面积57.99万平方米。

泾阳县境内有西铜铁路、西铜高速公路、211国道、208省道、关中环线、正阳大道、秦汉大道、西咸高速公路等，形成"三横四纵"交通路网；南距西安咸阳国际机场仅12公里，距西安市区、咸阳市区距离在半小时车程。县乡村道路形成放射状道路网，区内交通十分便利，全县交通运输邮电、仓储业实现增加值7.79亿元，同比增长12.4%。境内公路里程1270公里，同比增长10.6%。

双赵村位于西咸新区泾河新城茶马大道以西，高泾大道以北，总面积约2998亩（其中耕地面积2141亩），全村共有7个村民小组，554户，2213人。改造前，村民主要以务农、务工和养殖为收入来源。

双赵村改造前村庄空心化较为严重，村民受教育水平有限，老龄化趋势显现，居民收入水平较低，"工农兼业"现象明显。

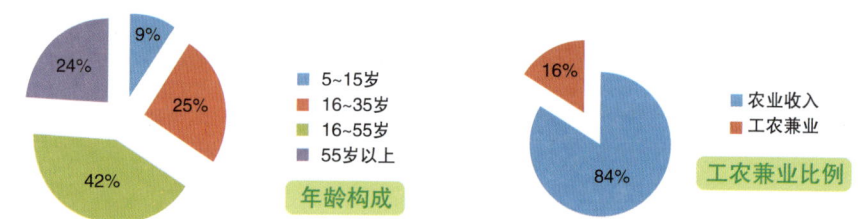

双赵村调研分析图

| 落定——茯茶小镇的建设和实施

双赵村改造前

村庄现状植被较好，被绿色植物环绕，环境较为优美，但仍有较原始及空置的院落。村庄现状建筑的优势是民居庭院绿化覆盖率高，田园风光优美，还保留着较为完善的乡村聚落，道路干净整洁无杂物；劣势在于大多院落年久失修，空废现象明显，院落前庭院较小，主要问题在于后期经营无门脸现象突出。

双赵村改造后

村内建筑现状多数为现代农村建筑，不存在拆迁安置的问题，建筑密度大，关中风格民居保留很少，新建多为平屋顶，少数保有坡屋顶，旧宅多为坡、平结合的屋顶形式。建筑风貌以灰顶、白瓷贴面为主，门、屋檐、屋角等处点缀有红色元素（尤其在新建建筑中较为明显）。除了部分村落和一所小学外，大部分用地都是农业用地，缺乏基本的公共活动场所。

通过调查研究，我们发现双赵村的发展还存在一些问题。首先是产业发展问题，传统农业不足支撑村庄经济的发展，导致村庄经济活力缺失，人口流失，且现状大面积院落耕地利用不充分，种植较为单一，大多为自家菜地或种植绿植。耕地种植普通农作物，经济效益不高。因此，如何解决传统农业种植无法实现高效经济发展现状，是作为建设者需要重点考虑的。

双赵村基础设施情况

另外村庄建设良莠不齐，地域特色逐渐消失，缺乏良性交往空间，空心村现象逐步加剧，传统村落的活力渐渐消逝。因此村庄建设需要引导。村庄现状建筑空间仍然存在一些问题，如废弃闲置建筑影响村庄整体环境，村庄传统特色风貌和建筑符号逐渐消失，村庄院落空间形式各异，缺乏统一指引，沿街建筑立面形象差，同时无法体现村庄地域特色，街巷空间脏乱差，缺乏应用生机活力。因此如何对待传统建筑符号逐渐消失，破旧建筑处置问题；如何解决无门脸经营问题，如何解决建筑内部庭院空间无序、外部街巷空间欠缺活力的现状？这些都是建设者们需要重点考虑的问题。

同时村庄基础设施严重滞后，文化服务设施匮乏，卫生设施条件差，村民基本的物质文化需求不能得到满足，现有基础设施亦不完善，仅能满足部分基本需求；公共服务设施条件差，文化服务设施也较为欠缺。

通过整体的调查与研究，对双赵村的概况有了基本的了解。双赵村以传统农业为主导，有好的农业发展条件；双赵村村落摆布呈均质分布，四周被农田包围，工农兼业的状态明显，非农化进程缓慢。因此，为了可持续的发展，双赵村应结合村民需求及居民现状进行改造，针对主要问题进行解决。

通过对现状的调研及相关资料的整理分析，可以得出茯茶小镇所在区位

双赵村现状

不仅在地理环境上有优势，能吸引较多客源，同时也有本地政策的支持。项目所在地区的地质及气候适宜建设，水系发达，丰富了小镇的景观建设，构建了良好的生态体系。同时，本地的社会经济现状也迫切需要小镇的开发来带动整个地区经济的发展，改善地区的人居环境，促进城乡共同发展。

2. 居民安置对于城乡建设的重要意义

（1）征地与居民安置

伴随着我国城市化进程的加快，城市建设土地需求量也在急速增加，各地政府只能不断加大征地和拆迁速度来应对。与此同时，越来越多的农民面临着失去土地、居住房屋被拆迁等境遇，而因为征地和拆迁所引起的利益冲突是越发的明显。据有关资料统计1999年~2010年我国的耕地面积减少了至少1.6亿亩，有近3000万农民失去了其赖以生存的土地，伴随着土地的流失，依附土地的各种权益也随之消失了。在征地拆迁和失地农民的安置过程中，出现了许多棘手的问题，例如：由于现阶段有关征地拆迁的法律和政策的制定相对滞后，法律规定存在一定的漏洞甚至是矛盾，缺乏规范的可操作性，以及群众的诉求难以表达等一系列的相关问题，导致了征地拆迁居民安置中存在着许多不确定的因素，工作难度颇大。近年来因征地拆迁引发的矛盾日益

现状土地利用

基地现状除了部分村落和一所小学外,大部分用地都是农业用地。

双赵村现状土地利用示意图

突出,全国各地因征地拆迁居民安置不妥而发生的纠纷事件层出不穷,老百姓甚至对征地拆迁出现了强烈的对抗行为。征地一方认为,被征地方要求过高,使征地拆迁成为"天下第一难",以致阻碍整体城镇化进度。而被征土地者清醒地认识到,在现行土地征用和房屋拆迁法律法规下,是无法扭转土地被征用、房屋被拆迁的事实,只可能通过各种努力来实现家庭利益的最大化,一些人甚至不惜采取极端的行为,对整个社会的安定造成了非常严重的影响。被征地拆迁方如果对征地拆迁产生了抵触情绪,就会影响拆迁工作的开展,进而导致行政成本的大幅度提高。征地拆迁工作是有关国家经济建设,有关人民切身利益的重大事项。但是在当前征地拆迁安置工作中,被征地者始终是处于被动和弱势的状态的。究其原因,首先被征者对征地的前期工作参与度不够,对于安置标准、方式等缺少发言权以及知情权,对于不合理的征地补偿安置方案没有抵抗能力,信息不对称、缺少民主程序、缺乏透明度,也是被征地者产生抱怨、不满情绪的重要原因;其次想要申请征地拆迁安置标准裁决的成本过高而往往难以实现;最后在补偿费用的分配机制上,农村集体经济组织甚至是乡村干部一般起到了决定性的作用,而被安置居民的个人利益却往往得不到有力的保证。

如果可以让群众参与到与其自身利益密切相关的征地拆迁安置工作中去,对补偿、搬迁、社区重建等有选择的权利,通过互动性地协商达成共识,便有利于减少被征地者的抵触情绪,有助于征地计划的顺利执行,同时可以增强被征地者共同建设新家园的积极性和创造性,使他们对于项目的态度由被动变成主动;同时也可以在一定程度上限制某些政府人员的自利行为,从而最大限度的保护公共利益不受侵害,也可以使被征地者的利益、愿望和要求在政策的支持中得到有效的表达和体现;群众参与到安置工作中来,可以加大建设项目的透明度,避免徇私舞弊的事情发生,杜绝腐败,各级政府也可获得群众的信任。因此,改变传统的模式,将征地拆迁居民的安置工作置于公众参与的模式之下进行研究,具有理论和现实意义。

茯茶小镇居民安置工作

特色小镇建设的实践与启示

从实践层面上说,征地拆迁中涉及各种不同的利益群体,这也必然会使各利益主体在维护其自身既得利益和预期利益的过程中产生不同的矛盾,甚至是利益的冲突。地方治理代表着民间社会力量的成长并能逐步参与到地方性的公共事务,进而成为地方治理中非常重要的参与性力量。地方治理的核心理念及其相关制度设计,为广大群众进入并影响着地方公共行政开辟了新的领域。从理论层面上说,征地拆迁中的居民安置涉及政府、公民、市场之间的关系,而以它们构成的互动合作网络与地方治理相关理论是符合的,对居民安置的研究,也将进一步拓宽地方治理有关理论的研究视野,推动地方治理理论的深入。

在小镇开发建设的实际工作中,要完全将原住居民留在本地是有一定困难的,何况也有的原住居民并不愿意留;想完全将原住居民外迁,也将面临许多非议,同时也并不利于小镇的整体建设。那么,在原住居民"走"或"留"的问题上,应该如何才能做出合理的抉择呢?我们以为,不能片面地看待这个问题,应当把握好搬迁与保留之间的"度",所有的工作都要坚持"以人为本"的核心理念,做好安置工作,努力追求历史传统与现代元素的和谐共生。

(2)相关政策的支持

①资本支撑

引导和支持社会资本进行小镇的开发工作,引进农民参与度高、受益面广的休闲旅游项目。这也有助于城市的资本、闲置的资本顺畅下乡,一定程度上削减要素流动以及配置的障碍,有利于缓解乡村旅游最常见的薄弱环节——基础设施建设投资不足的困境,同时也有助于旅游业的发展与转型升级,同时也可以带来人才和技术等向小城镇流动,为小镇发展旅游产业注入新的活力。

②基础设施支撑

强化规划的整体引导作用,采取以奖代补、财政贴息、设立产业投资基金等方式,大力扶持休闲农业与乡村旅游业的发展,着力改善以休闲旅游为主要业务的村落进村道路、宽带、停车场、厕所、垃圾污水处理等相关基础服务设施。这将有助于改善小镇的基础设施、提升公共服务,改善小镇的整体面貌,打造小镇品牌。

③用地支撑

有限度的支持有条件的地方通过盘活农村闲置房屋、集体建设用地、"四荒地"、可用林场和水面等资产等资源来发展休闲农业和旅游业。同时将休闲农业和旅游项目建设用地,纳入土地利用总体规划和年度计划中做出合理的安排。这将有利于提前解决旅游发展用地的瓶颈,进一步保障旅游项目建设的市场化良性发展。

双赵村改造中

（3）居民安置的重要性

不论是旅游开发还是老城区改造都是我国改革开放以来城镇化进程中所出现的一些焦点问题,并且对城乡的经济活动、景观、交通、居民生产生活以及整体环境都会产生比较大的影响,故在建设活动中涉及居民的安置问题就更是需要妥善的处理。

在前期考察中经过调研得知,有的安置区已经完成了基础的建设工作,

但却没有居民愿意转到此地居住。之所以不愿意转到新建的安置点居住，主要是因为其基础建设配套不足，并且十分的简陋。同时当地政府对这些"新居民"也不太欢迎，缺乏关心，导致搬迁居民安置后没有得到任何实质的帮助，缺少归属感。就比如，安置之后的就业、就医等问题就不知道向谁求助，而且即使有投诉的部门，能否得到帮助也是未知的。

不可否认的是，快速城镇化对国家旧城市改造、城市扩大、旅游区建设等方面提出了新的要求，而对土地进行征收与房屋拆迁、改造等活动都是无法避免的，并且也是正确和十分必要的。但更必要的是在建设中让人民群众获得实质利益，只有充分考虑群众生活的各个方面需求，才能达到"双赢"的目标，要最低限度减小对群众可能产生的各方面的不良影响。从现实角度出发，想要达到双赢的目地并非易事，但也不是完全无法实现。想要达到目标就需要政府一方面依靠法律法规，另一方面，更要有强大的政府担当以及"为人民利益着想"的宗旨意识。

当然，从客观角度来说，近些年来居民安置的法规政策的确在逐步完善，但是在政策的落实过程中往往还是会出现一些社会问题。在考虑安置居民的时候，就业、就学和就医三大方面是首要的，必须要考虑到的，维持居民生活的稳定以及相关治理工作是非常重要的，要最大限度避免那些因建设而致使失业的情况发生。

居民安置不仅是把一个人（群体）从一点转到另外一点的机械性的转移。居民是一个有机实体、共同体的结构，具有共性的需求。居民的安置问题会影响到他们的生活方式、社会关系和精神文化等诸多方面。居民的安置工作应该不仅仅只停留在"拆"与"迁"的活动中，也并非停留在"帮助"那些被拆迁居民"重建家园"的层面上。想要做好"重建家园"之后的"置"与"安"，最为重要的是必须做好居民"重建非物质方面"的工作。如果停留在物质层面的安置的话，那么就会缺失文化性，如果居民仅被"置"但远没有达到"安"的感觉，那么安置工作可以说就是失败的。真正成功的居民安置是群众在被安置后的满意度，在整个过程中能够充分保障居民的物质方面和精神方面的双重需求，不仅仅是恢复和提高生活水平而已，更要保留与还原精神文化层面上的需求，重塑精神信仰。

4. 百姓意愿征集与公众参与

村庄居民分布示意图

在茯茶小镇建设过程中，百姓的意愿是我们建设者重点考虑的，所有的规划设计与改造工作都是以当地居民的意愿为首要考虑的，争取百姓的支持，真正地做到全心全意为百姓谋福祉。因此在项目前期便委托设计单位对当地居民的意愿进行了摸底调查，主要针对前期58户经营村民进行调研，采取现场踏勘与资料收集，并且全面进行入户访谈与问卷发放的模式。

调查研究显示，所有的居民表示后期愿意经营，主要经营业态包括农家

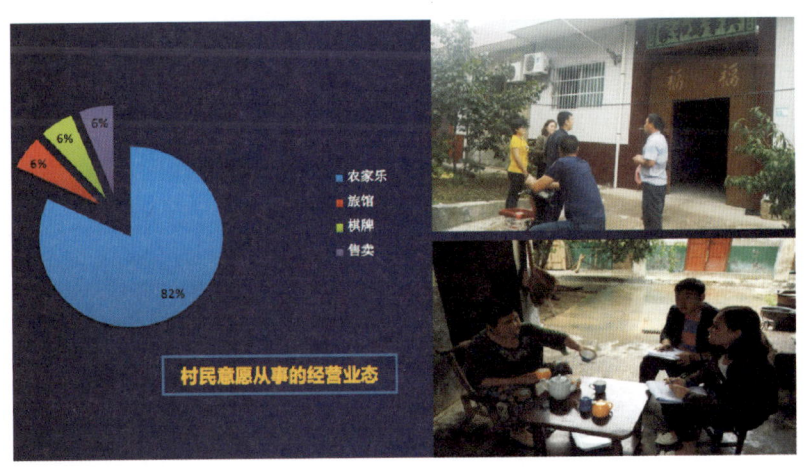

村民愿意从事经营业态分布图

乐、旅馆、售卖等，其中82%村民愿意经营农家乐，剩余的18%村民愿意经营住宿、棋牌、售卖等业态。

村民急需解决的问题有：100%的村民希望改善村内环境，希望解决厕所排水，由旱厕改冲水；90%的村民认为村内道路需要硬化改善，并建立排水系统；80%村民反映生产用水不方便，尤其是灌溉用水缺乏；76%的居民认为现阶段的电力供应不足，不能满足高负荷时段用电。针对村民调查结果显示，村民急需解决的问题主要集中在如厕排水的改善和村庄道路的修缮。

结合茯茶小镇的项目，我们认为首先在规划编制时就应充分考虑公众因素，遵循可持续发展理论和以人为本的原则，注重结合本地居民的意愿。以下是公众参与的具体操作方法：

（1）编制规划前充分了解本地居民的意愿

规划设计编制人员应对原住民的基本情况，例如人口构成、职业等，地区的旅游资源构成、旅游发展情况等进行详细调查，然后整合梳理所得资料，由专家设计旅游调查问卷以及民意测试问卷。民意测试主要是充分了解本地居民对开发旅游业的业态及开发旅游相关产品的想法，本地居民的主动参与意识和不同的居民差异性的看法。通过居民的积极参与来了解原住民的心理需求，综合群众的意见，确保开发项目符合民意，最大限度避免通过行政手段强行开发，尽量保证居民的积极主动地配合。

（2）征求意见，确定方案

将专家和政府部门制定的旅游发展战略和具体的实施方案，通过当地电台、报纸、互联网等媒体多渠道的向大众公布，尽可能多地征求本地居民的意见和建议。如有不同的想法或看法，在给定的期限内提出具有合理性的意见，并且居民可以对其认为是不需要的方案进行否决，或提出他们认为有需要的方案。当出现此种情况，尤其当原住民对规划方案持强烈反对意见时，相关设计人员需要对相关方案进行分析，包括重点分析持反对意见的居民的社会人口特征，比如年龄、性别、居住时间、住房与中心旅游地带距离、是否为原住民等，或重新评估该方案的可行性等。最后，综合分析各方面的意见和建议，由专家梳理，重新确定旅游发展战略和实施方案。

（3）规划实施与评估

在进行规划评审时，需要加入一定比例的原住民代表，对相关规划成果进行把关。

当规划开始实施一段时间后，有关专家需要协同政府部门对该地的旅游发展情况进行评价，检验公众参与的成效，检验公众参与下的旅游发展战略和实施方案是否与当地实际的旅游发展状况相吻合以及吻合的程度，以便对下一次的公众参与进行修正和完善，最终可以形成一个固定的参与循环机制。并且在参与机制逐渐完善的情况下，可以将参与机制纳入当地的政策法规中去，形成一项固定的制度来保障本地居民的权益。

（4）建立协商制度

只要进行旅游活动，就会或多或少的对当地居民的生活带来影响，居民与开发商、地方政府以及旅游者之间就会产生或大或小的矛盾。随着旅游开发的不断发展，外来人口的不断涌入，原本的道路交通将变得拥挤不堪，环境质量也会下降，物价不断上涨，传统文化受到了侵蚀，当地居民对旅游者的态度也会由最初的热情到后来的"敌视"等。这些由旅游开发而引发的问题，如果不加以妥善解决的话，则会造成旅游秩序的混乱。长此以往，就有可能导致旅游吸引力的下降、旅游地逐渐衰落。为此，应该建立长效的协商制度，以各方代表定期举行会谈等方式，保证原住民与旅游经营单位、开发商、地方政府等部门之间有良好的信息互通，形成发展与规划的重大事宜通报制度、协商制度，做到信息的及时传达，保证任何决策性方案都是经各方论证、研究的，并对一些重大的决策实行否决制度。

小镇与旅游景区在空间结合上十分紧密，这就使得本地居民在旅游发展建设的众多环节中都处于主体地位，在整体开发过程中都起着十分重要的作用。其中，原住民对旅游开发的态度是影响本地发展的一个重要因素，因此在茯茶小镇的开发建设过程中，征求百姓意愿，增加公众参与是十分重要的手段。

5. 茯茶小镇居民安置策略

"以人为本"的城镇化才是有质量的城镇化，茯茶小镇项目从规划设

计之初就将城镇中的人作为根本，与原先比较粗放的发展模式相比，茯茶小镇的开发建设可以说是走向更加高效、包容、可持续发展的城镇化道路，是从粗放式发展到集约式发展的升级，是从城乡分离发展到城乡一体化协调发展的升级。在西咸新区范围内，茯茶小镇的开发建设是一次创新和突破，开创了城乡统筹工作的新模式、新思路。在建设过程中，深入贯彻"龙头企业带动、广泛农户参与、提高村集体组织化程度"的工作思路，稳步推进项目建设。

2014年底，西咸新区泾河新城联合泾阳县政府，严格按照"以人为核心"的城镇化理念，创造性地提出了"村民参与、就地改造"的工作思路，坚持"不拆房、不新建"的基本原则，在最大限度保留村庄原始风貌的前提下，对双赵村进行就地改造。首批58户改造项目是以关中传统的民居建筑风格为基础，遵循原有建筑的布局形态，因地制宜、就地取材，营造出浓郁的关中民俗风情和特色鲜明的地域文化。同时，通过拓宽修整村内道路、修建公共照明设施、集中改造雨污水管道、建立垃圾处理站等一系列基础设施改造工程，为村民建设整洁、优美、舒适的居住环境。

在努力为当地群众创造良好生活环境的同时，西咸新区泾河新城主动引导和帮扶村集体成立泾河新城双赵实业发展有限公司，让农民以集体土地、宅基地等参与入股，使农民既有了经营收入所得，又能有入股分红，真正达到了持续增收的目标。在此基础上，全面开展各类职业技能培训，通过多层次、多渠道的培训方式，帮助原住民开办农家乐等各种形式的经营活动，实现人人能就业，家家有产业。还通过引入泾阳县茯茶产业的龙头企业入驻茯茶小镇，延伸茯茶产业链，将茯茶的生产加工与旅游体验进行有机的结合，让消费者可以亲身参与到茯茶的生产、制作、加工过程中，充分感受浓郁的茯茶文化魅力，为小镇进一步聚集人气，带动消费需求。

（1）村落改造实施策略

①关心农民收益

土地承包入股，将农民承包的集体土地以承包权入股，组建社区股份合作经济组织，将土地统一发包给专业队或少数中标农户规模经营，或由集体统一开发和使用；农民依据土地股份分享经营收益。

②关注村民就业保障

建设长效产业，在村落改造实施过程中，考虑发展集体所有制经济，建立长期回报的产业（如农贸市场，小型自由商业）等机制，既提供了更多就业机会，又壮大了集体经济，为村镇经济发展带来持续动力和保障支撑。

③配套支撑

教育的支持及补偿措施，充分考虑村民的生计需求，制定合理的就业和教育相关政策，进一步加强对村民利益地保护。对村民进行有针对性的知识技能培训，还可以将村民培训效果甚至是就业与年终集体分红直接挂钩。以教育补偿作为换取村民配合的重要措施。

④利益均衡

构建"政府—村民—开发商"利益均衡机制，在兼顾村民和开发商利益基础之上，村民、开发商共同参与协商制定村庄的改造规划，由政府相关职能部门负责监督执行，并制定相关规章规范、监管其行为。同时加大商业、教育、医疗等公共设施的建设力度，既可以促进集体经济的发展，又能兼顾开发商的收益。

（2）具体操作手段

现状村落的整治和村民的安置涉及三农这个十分重要的民生问题，必须谨慎对待现状村落和村民，这也是关系到社会的和谐稳定（政治效益）、农民就业安置（社会效益）、茯茶产业现代化（经济效益）、保留乡土文化（文化效益）的一系列举措，对项目的成败有着决定性的作用。主要从以下几个方面进行具体操作：

①村居基础设施提升

完善村落基础设施建设，按防火、防灾要求进行重新修葺和整改，提高服务水平和安全等级。

②村落公共服务设施增加

停车场、商业等公共服务设施在供应上并不存在排斥性，可以说既能服务于外部的游客，又能提高本地村民的生活水平。

③旅游业带动利于村民创收和身份转变

旅游业与其他产业的紧密结合，使村民能够逐步向市民转变，并且能从自己的劳动中创收。

④村民就业解决剩余劳动人口问题

村民就地在自己的家门口就业是对农业剩余劳动人口问题的有效缓解手段，也可以成为我国城镇化中带来的城市压力的重要缓冲手段。对于现状建筑，在确定好现状村落的整体的整治措施和指导思想后，根据本项目涉及的现状村落的区位和空间形态，做出不同的处理策略，让村民不仅仅能够就地安家，更要让村民的利益和生活习俗得到双重的保障。

⑤建筑整饰

原住民居住建筑立面改造

按需要对一些现状村落的重点地段将进行建筑整饰，从切实地提升基础设施服务水平和结构安全、防灾安全上出发，对建筑进行现代化处理，对原真性和居民生活的影响降到最低。

(3) 双赵村项目带动当地村民创富增收

通过对双赵村58户民居进行外立面、坡屋顶改造施工，将陕西关中传统的民居建筑风格结合现代手法的处理，赋予简洁的外立面形式，去除烦琐复杂的装饰工艺，传承传统的坡屋顶形式；同时通过道路管网等基础配套施工，提升当地群众生活质量，加快新农村建设，推进城乡统筹工作，最终提升茯茶小镇项目整体文化底蕴及商业氛围。

①提升双赵村商业经营氛围，带动村民创业增收

通过对双赵村部分建筑单体进行商业性改造处理（如外立面、屋顶改造等），同时完善双赵村道路、绿化、上下水及照明等基础配套，从而提升双赵村商业经营氛围，对该改造项目予以相应补贴。积极引导村民在"家门口"进行商业经营，增加村民收入。

保洁专业技能培训

讲解员专业技能培训

②保障劳动就业，使村民获得可持续收入

在项目建设和运营中，将会产生大量用工需求，如物业管理、保安、保洁、导游解说及生产用工等。为切实保障群众后续经济生活的可持续性，在同等条件下，优先考虑双赵村的村民用工。

③通过专业性培训，提高村民劳动技能及商业经营技能

引入专业培训机构，一方面，对具有就业意向的村民开展物业管理、保安、保洁、导游解说及生产等各项职业技能、综合素质教育等专业培训，对经过培训的持证学员优先予以就业推荐；一方面，对具有自主经营意向的村

民，开展商业经营技能、综合素质教育等专业培训。通过上述有针对性的专业性培训，提高村民劳动技能及商业经营技能。

④通过多渠道保障措施，助力村民创富增收

在西咸新区泾河新城城乡统筹的大政策下，积极创新城乡统筹模式，采取多渠道保障措施，助力村民创富增收。其中包括：积极扶持当地经济组织发展，使村民获得相应经营收益；深入用工合作，使村民通过从事各项职业工作获得工资收入；引导村民在商业改造后的双赵村进行自主经营或将其对外出租，使其获得相应创业收入或租金收益等。最终通过对双赵村一系列的帮助及扶持，使当地村民摆脱对土地的依赖，真正成为市场经济的主体。

沿袭传统民居建筑风格和屋顶形式

（4）大力发展当地产业，与国家"精准扶贫"不谋而合

茯茶小镇开发建设注重发掘壮大茯茶产业，积极培训当地村民创业就业，让村民真正成为茯茶小镇开发的经济主体和受益对象，这与国家大力推行的"精准扶贫"产业扶贫思路不谋而合。

立体推动。通过旅游扶贫的措施不但得到了本地区贫困人口的大力支持，各相关部门的广泛参与也是一大特色。形成了全方位的政府部门协作与多层面的参与主体，充分调动了社会各界力量（包括各级政府、各部门、企业、贫困人口、社会团体等），整合了资金、市场、技术、管理、政策等资源，并依据本地旅游资源特征因地制宜地进行旅游扶贫的开发。

自主创业。在茯茶小镇项目实施中，通过一系列优惠政策鼓励本地居民参与开发建设及商业经营活动，在改善人居环境的同时，提升经济的发展，同时带动相关部门和社会资金投入到旅游开发建设中来，最后达到精准扶贫的目标。

在茯茶小镇项目建设过程中，我们认为城镇化不是简单的修几条路，盖几座楼，而是人的城镇化，脱离农民的城镇化是不切实际的。土地作为稀缺资源，是不可再生的，农民是城镇化进程中的主体，只有把土地和农民两大资源有效地结合起来，才能真正快速地推进城镇化建设。如何调动广大农民的积极性，突显他们开发建设的主体地位；如何在中央大力扶持农业产业发展及新一轮土地流转改革中实现土地的集约高效利用，让农民实现创收致富，完成农民向城镇居民身份的顺利转变，是我们一直关注和研究的重点领域。在茯茶小镇项目开发建设中，我们和双赵村村民一起，有效整合土地和人力资源，全心全力把茯茶小镇建设成为区域茯茶产业和茯茶文化中心，让泾阳茯茶再次成为"丝绸之路经济带"上一颗亮丽的明珠。

6. 居民安置所取得的成效

2015年8月初，在双赵村先期完成了58户村民房屋的提升改造工作。不久，到茯茶小镇旅游的人们就发现，双赵村每家每户的大门口都挂上了火红的大灯笼，上边贴着象征富贵吉祥寓意的剪纸，有些家户甚至挂上了极富个性特色的经营招牌，家家户户的门牌号也焕然一新，也正是在这样一种美好的家园文化环境氛围中，许多在外打工的村里人回来了，它们纷纷搞起了农家乐、茯茶制作坊、特色旅游商品店，他们不出家门，就能够致富增收，甭提心理有多快乐。一位在小镇中经营的村民说道："开发以前，我们都在西安打工。一个在县里，一个在西安。一年四季奔波在外打工，顾不上家里，也没人收拾，肯定没有现在好。我经营到现在大概有五个月了。我一个月大概就是三千来块钱。一家人加起来有两万多。很满意。"双赵村书记王忠福在接受采访时也说道："双赵村占地面积2998亩，所设7个村民小组，人口是2200余人。茯茶小镇开发以前主要是靠农业，种粮为主。通过三方合作，从过去的种粮改为经商，使村民都成为公司的股东，都有红利可分，逐年提高农民的收入。"从此，一个依托茯茶产业，对村集体资产进行清产核资、股份量化和吸收村民自愿入股，以及与茯茶集团共同进行茯茶小镇建设的城镇化建设运作模式正式诞生。正是它，极大地推动了村民重点发展茯茶产销、餐饮休闲、观光娱乐的积极性。

焕然一新的茯茶小镇

　　茯茶小镇，这个由原始乡村蜕变而来的特色小镇，如今就连当地村民也都觉得新鲜，正如村民苏俊峰在谈到今天的双赵村的面貌时所感慨的那样："以前就是一般的农村，不像现在改变了"。茯茶小镇的人们获得了发展的动力，获得了前所未有的发展机遇。让城里人到最美的乡下小镇去赶集，我正端杯茯茶欢迎你，喝一杯曾风靡了上千年的茯茶，体验一回茯茶制作工艺，这是一件多么富有诗意的事情啊，或许在这里我们找到的不仅是城镇化进程中我们中华民族心中渴盼了几千年的现代城市文明,还有曾经失落了的汉唐盛世气象,以及正在滋长的民族复兴的文化乡愁。

《陕西日报》2015年3月31日第1版报道:"不占田、不拆房,西咸新区泾河新城在打造现代城市核心区的同时,不忘'升级'农村,以特色小镇建设为抓手,与泾阳县政府、社会企业合作,在双赵村启动城乡一体化试点,对双赵村500多户民居进行改善提升,以泾阳特有的茯茶文化为核心,打造现代产业特色鲜明的茯茶小镇,受到当地群众的欢迎。"

(1)村庄现状改善

① "村子美了,村民忙了"

茯茶小镇当地居民自主经营

作为改造的一期工程,双赵村58户民居的外立面、坡屋顶都按照陕西关中传统民居建筑风格结合现代手法进行处理,村内道路管网、绿化、上下水改造以及照明等基础设施改造也将同步进行。这里被打造成为一条关中民俗小吃街,通过"广泛农户参与,业主自主经营",在提升当地群众生活质量的同时,实现增收致富。

特色小镇建设的实践与启示

② "文化来了，小镇活了"

让村民们更加津津乐道的是村子发生的深刻变化：包括双赵村在内的1300亩土地上，以泾阳茯茶为依托，打造茯茶文化产业园、商业展示区、特色小镇，形成了茯茶文化、关中民俗文化、关中生活文化为一体的茯茶小镇。

茯茶小镇通过整合周边大小茯茶作坊，把这里建成了西北唯一以产、研、售为主的黑茶商品集散地。

作为双赵村村集体组织发展平台，目前，占地160亩的丝路文化旅游商业街已启动建设，其中既有茯茶主题博物馆、丝路风情街，又有茯茶生产、展览、交易，还有体验式农庄、度假酒店，用关中田园风光把传统茯茶文化和现代休闲文化紧密联系在一起，驱动茯茶小镇的良性发展。陕西省社科院农村发展研究所所长王建康表示："城镇化并不意味着大拆大建，或者是对城市的简单复制。茯茶小镇这种特色小镇的形式，既保留了乡村风貌、乡村文化，又大幅提升了乡村公共基础设施，促进乡村生产生活方式的现代化，把宜居宜业放在同等重要的位置上，推动城乡一体化的实现。城中有村、村中有城，这种形式在探索新型城镇化的过程中应该具有广阔的前景。"

（2）城乡统筹工作

①茯茶小镇城乡统筹工作

焕然一新的茯茶小镇

为加强茯茶小镇城乡统筹工作的协调、组织和实施，加快推进项目建设，成立了茯茶小镇茯茶集团公司。负责项目涉及村庄的有形改造和无形改造工作；负责依托劳动力人才培训学校和茯茶小镇就业创业服务中心，做好项目范围内劳动力技能培训及就业安置工作，带动村民共同创业发展；配合有关部门实施推进茯茶小镇转型中社会保障及社会公共事务管理等工作。

②农户自主经营工作

经过一段时间的工作，已有57户群众计划开展经营，其中有23户已经开始尝试经营，其余34户正在准备中。2015年8月3日，我们会同工商分局，为第一批15户农户发放了营业执照和定点经营户牌子。

③职业技能培训工作

定期开展茯茶小镇物业服务人员培训，初期就有40多人参加了培训。后续计划在茶马巷19号定期开展茶艺技能和茶艺表演培训。

④群众就业工作

按照村民就业意愿，优先安排村民从事保安、保洁等工作。

（3）政策引导

2011年西咸新区管委会成立。到2014年，882平方公里的土地上已有近千个项目在稳步推进，涵盖了文化旅游、现代制造、商品贸易、休闲娱乐、现代家居等关乎百姓生活的服务性行业。随着崇文塔景区、陕商文化博览馆、国艺秦腔馆等文化场馆以及以欢乐旅游为主题的乐华欢乐世界建成并对外开放，区域内四横四纵八车道道路交通闭环形成，城市面貌发生了翻天覆地的变化。在项目建设中采用的"政府引导，产业主导，社会投资，市场运作"方式。不占田、不拆房，提升整体村貌，鼓励引导村民在"家门口"进行餐饮、住宿、休闲娱乐等商业经营。村民在家就业，就地城镇化变为现实。在创新发展模式地引导下，茯茶小镇周边已有上百户村民在家里做起了买卖。

2016猴年新春，从正月初一至十五，随着新春大庙会、美食节、崇文古塔会等活动地启动，茯茶小镇先后接待游客315万人次，单日人流量更是达到了40万人次。如潮的游客，给乡亲们带来的不仅是滚滚财源，更带来了致富的盼头和劲头。如今，乡亲们期盼的是"快一些！再快一些！"茯茶小镇后

茯茶小镇
特色小镇建设的实践与启示

人潮涌动的茯茶小镇

续项目再快一些……

媒体新闻也于2015年底发表《陕西一个特色小镇的调查：一盒茶煮沸一座城》的文章，文章指出："开几家农家乐，造几个乡村景，不是真正意义上的乡村旅游。今天，乡土文化已成为一种奢侈品，是人们安顿身心之所在，也是乡村旅游生命力的根源。从这个角度看，以茯茶文化为核心的关中民俗产业小镇——茯茶小镇，从一开始就找到了其文化魅力所在，放大做精茯茶主题，跳出乡村旅游简单模仿的窠臼。"

（4）茯茶文化的传承与发扬

"前呼后拥，接踵摩肩"，2015年国庆假期日均15万的游客接待量，对于刚刚开园两个月的茯茶小镇来说，既是惊喜也是考验。喜在以茯茶文化为主的乡村游迅速搅热了这片正在开发建设的现代田园城市，而如何传承和打造好茯茶文化也成为茯茶小镇能否引领陕西乡村旅游发展的关键。

①创新：文化为核，重在互动体验

灰色的门楼、清净的小院，如果不是挂着茯茶体验作坊的牌子，人们可能就会错过一次古法制作茯茶的体验。穿上鞋套、白大褂，消过毒后走入茯茶制作室。称茶、蒸茶、压制，10月28日，来自西安的游客，60岁的王大妈，用十多斤重的制茶工具一下一下挤压着蒸好的茶叶。"这是自己亲手做的茯茶，以后一定留到重要时刻再喝。"王大妈笑着说。压制好的茯茶将放在恒温恒湿的发酵室内进行发酵，一个月后王大妈就能收获这块独特的茯茶，成为这次茯茶小镇之旅的一个美好记忆。

②茯茶小镇成为陕西旅游新地标

茯茶小镇开园

制茶之余，在茯茶小镇的广场上品一杯温厚醇香的茯茶，听一段高亢敞亮的秦腔，打发午后时光最闲适不过。2015年8月19日，茯茶小镇一期火爆开园。在这个被精心打造的乡村旅游目的地，乡村旅游的元素都能找到：一条水系在村外蜿蜒，水车骨碌骨碌地转着，为小镇增添了份水灵气韵。水边茅草屋里飘出阵阵香气，篱笆墙上插着的酒旗招引着人们走进原汁原味的农家小店。沿着青石板路，上百种关中特色小吃一字排开，几乎每个店面前都有游客排着长队，茯茶酸奶、茯茶鸡等一系列"茯茶"美食更是让人跃跃欲试。

特色小镇建设的实践与启示

茯茶小镇——陕西旅游新地标

除了茯茶体验作坊，茯茶小镇上还有辣子作坊、花馍作坊、小磨香油作坊、醋坊、手工挂面作坊等特色作坊，游客稀少时，没准都能一一上手体验。在手工艺品区，还有布艺、鞋艺、剪纸皮影、陕北腰鼓、苏杭刺绣等手工艺品琳琅满目。

"在茯茶小镇，我们尽可能地增加体验、互动的元素，让人们能够多些乡村生活体验，多些休闲娱乐。从8月茯茶小镇一期开园，我们已经先后举办了'品茗体验''帐篷节''茯茶姑娘选秀''啤酒狂欢节'等多项活动，增加人们与民俗文化，特别是茯茶文化的接触，取得了不错的效果。"茯茶小镇商业运营管理公司介绍说。

蜂拥而至的人潮显示了茯茶小镇的魅力，开园5天就接待游客20余万人次。在国庆黄金周期间，更是吸引了众多外省游客前来游玩，日均接待游客15万人次，成为陕西乡村旅游新地标。

③传承：600年茯茶文化不能闲置

茯茶小镇的建设可以说是茯茶文化开出的一朵动人金花。品一品茯茶，

| 落定——茯茶小镇的建设和实施 |

"茯茶姑娘"选秀活动

已经成为游客到茯茶小镇的必选项。茯茶小镇所在的双赵村，就坐落在泾阳。从汉代起，陕西关中地区的泾阳就是川茶、湖茶销往西北牧区及丝绸之路上的茶叶集散地和中转站。由于运散装茶在运输过程中的意外发酵，北宋年间茯茶在泾阳问世，一直传承至今。

由于茯茶独特的保健功能，成为西北地区最受欢迎的茶品之一，流传下"宁可三日无粮，不可一日无茶"的饮食习惯，也促使茯茶成为丝绸之路外贸三大商品之一。在明清、民国时期，曾远销西域、俄国、波斯等40多个国家。最盛时，泾阳一地就有天泰通、裕兴重等86家茶商，泾阳在西南各省及川地商人就有万余名之多，造就了陕西商人的辉煌历史。

据双赵村村里老人回忆，小时候村里还有茯茶作坊，后来就渐渐没有了。新中国成立后，因计划经济布局调整，茯砖茶转移至湖南安化生产，渐渐在陕西消失了踪影。"600多年的历史文化是一笔丰富的资源，我们以'泾阳茯茶'为灵魂，通过文化旅游完善周边文化居住配套，打造'茯茶小镇'，以产业推动区域发展。规划建设茯茶博物馆、茯茶科研中心、集中仓储物流、交易中心等项目。"

作为西咸新区泾河新城挖掘区域历史文化的重头戏，2013年茯茶小镇项目启动时，就被如此定位。占地1300亩的茯茶小镇总投资30多亿元，以茯茶文化为依托，集茯茶文化、关中民俗文化等为一体，将成为集茯茶生产研发、文化衍生品研发、旅游体验和城乡统筹为一体的综合园区。

"目前开放的茯茶小镇一期水街只是整个茯茶园区的一小部分，首先要把人流吸引过来。明年我们将完成茶文化博物馆建设，充分展示茯茶的历史、工艺和产品，建成后将成为中国最大的黑茶文化博物馆。"茯茶产业是支撑茯茶小镇旅游旺盛的基石。在小镇建设的同时，占地200多亩的茯茶工业区也在加紧谋划，力图把支柱型的茯茶企业引入进来，形成产城一体的产业小镇。除了积极引入陕西的茯茶龙头企业和食品龙头企业，西咸新区泾河新城管委会还与泾阳县政府联手推动民营资本进行股权合作，成立泾新茯茶公

振兴茯茶产业

司，进一步整合泾阳县已有的茯茶生产作坊，延伸茯茶产业链条。

按照规划，与茯茶产业配套的还有一个近14万平方米的丝路文化商业街区和一个茶文化主题的温泉酒店，使这里成为茯茶的销售、集散中心。同时，还将汇聚丝路沿线国家的特色产品和美食，让这里充满异域风情。"我非常看好这个地方，除了这个已经开放的茯茶体验作坊，我们还计划在茯茶工业区筹建一个20亩的茯茶工厂，专门用安化的茶叶，生产高品质的茯茶。"江苏商人在关中腹地谋划着自己的茯茶生意，"以前人们来西安就是游览名胜古迹。以后，茯茶小镇就是陕西茯茶的一张名片，到了茯茶小镇就是另一种休闲茶文化体验。"

④富民：客至人归，火了一座城

茯茶小镇火了，最开心的莫过于当地的村民。为了打造良好的旅游环境，激活村民发展热情，2015年3月西咸新区泾河新城采用不占田、不拆房，整村景观提升的办法，免费对双赵村全村500多户村民住宅进行美化改造。

青砖、灰瓦映着门前的花坛，一家挂着红红的辣椒，一家就挂着金黄的玉米；你家是古朴的印花蓝布，我家就是水车竹影……目前一期58户民居的外立面、坡屋顶都按照陕西关中传统民居建筑风格结合现代手法进行处理。从茯茶小镇拥挤的商业街出来，就能走入一个个清新古朴的农家小院。当地村民已经办起了20多家农家乐。

茯茶小镇后续项目陆续启动，在致富者的带动下，村民们纷纷改造自家庭院，在茯茶小镇寻找新商机。而在西咸新区泾河新城建设者们看来，茯茶小镇的火爆更凸显出现代田园城市的魅力所在。

开几家农家乐，造几个乡村景，不是乡村旅游。今天，乡土文化已成为一种奢侈品，人们安顿身心之所在，传承乡土文化是乡村旅游生命力的根源。从这个角度看，以茯茶文化为核心的西咸新区泾河新城关中民俗产业小镇茯茶小镇，从一开始就摸准了其文化魅力所在，放大做精茯茶主题，跳出了乡村旅游的简单模式。

特色小镇建设的实践与启示

生机勃勃的
茯茶小镇

茯茶小镇夜景

二、布局——茯茶小镇的整体规划设计

1. 茯茶小镇整体规划思路及理念概述

规划设计对于项目整体的重要性，越来越受到人们的关注。可以说是建设未动，规划先行。对于规划设计，茯茶小镇从有思路之初就聘请了多家设计单位对小镇的远景规划进行了多方面的论证，试图寻求一种较为理想的模式与方法。因为一个小镇的建设，虽然规模与城市相比偏小，但是麻雀虽小，五脏俱全。从小镇的基本功能配置角度出发，需要有一个整体的策略，以便合理地布置小镇的功能，避免造成建设性浪费，从建设初期就对小镇的未来功能布局与业态的分布有全局性地把控；再有就是小镇的空间建设策略，好的产业、好的功能与好的思路如果离开了好的空间载体，那么就不能算作是一个成功的建设。因此，对小镇的空间设计也提出了更高的要求，从现状的安置策略到小镇的建设理念，再到小镇的具体空间设计与效果设计，

都做了详细的论证与分析,特别是规划理念的构思,所谓"意在笔先"。作为建设者的我们,一开始就对小镇的整体设计理念与规划意境做了全面的统筹。以"茯茶"文化为主题,结合水系的规划布局,最终形成一个文化底蕴深厚、空间意趣满布、景观秒致叠生的特色小镇!

(1) 功能配置策略

以茯茶产业为基础,以配套服务为核心的关中风情小镇功能配置。包括:泾阳茯茶加工与展示功能,特色旅游功能,服务接待中心功能,有机农业加工与展示的功能,研发办公的功能,物流集散中心,商贸交易中心,康体养生,主题酒店等系列功能。通过这些功能的整合,最终使小镇成为包含泾阳茯茶加工展示区、关中风情小镇示范区、茯茶特色文化体验区、都市慢生活休闲旅游区的综合性的、城乡结合的特色小镇。

(2) 空间策略

整体小镇的规划设计,在空间策略上分为三个方面:

①有民居的保留与利用

考虑现有村落民居建设相对整洁的现状,以及分期开发建设的要求,除对局部建筑进行拆迁外,大部分予以保留和局部进行利用,以保护原有乡土风俗习惯,"让居民望得见山、看得见水、记得住乡愁"。

②顺应现状格局与风貌

顺应现状地形风貌,在空间不同区划上分布建设,重视现状地形景观的利用与引导。同时,尽可能保护场地内地形格局的生态原貌。

③考虑交通与产业对于功能区划的影响

确定项目业态分布,规划布局考虑应结合外围交通与产业特点,形成丰富、富有节奏的车行、人行交通线路。另外,保证交通的前提下,注意沿途景观的有序分布。

(3) 规划设计理念

①水韵

"泾渭之畔,长安之边,碧水濯濯,岸芷芹兰。"

整个区域的设计以柔性的曲线要素呼应着周边蜿蜒的河水,建筑与景观围绕着中央水系自由地伸展开来，如袅袅升起的茶气向周边弥漫，亦如杯中徐徐晕开的茶色在整个片区展开，使得小镇仿佛从场所最深层的根基中生长出来一般，更好的融于环境的肌理，故谓之——水韵茶乡。

②茶海

基地形状宛如一个大的茶盘，茶盘上蜿蜒曲折的纹理生动有序，两大核心又如一壶一杯，放置于茶盘之上。

③茶马古道

茯茶是古丝绸之路上著名的神秘之茶。它的出现，使陕甘茶马古道与安化茶马古道相衔接，演化为陕、甘、湘茶马古道，贯穿了几乎大半个中国。古代茯茶的运销茶路，主要有四条，均经过泾阳。本规划方案中，将四条茯茶古道线路进行抽象，运用在景观体系的塑造中，彰显茶马古道的辉煌历史。

低碳生态是基本要求，避免过大规模的开发和破坏，保持该区域的低耗高效，促进资源节约型、环境友好型产业增长，不仅是本次概念规划的基本要求，也是上位规划的基本要求。多方共赢是核心理念，通过项目建设，使政府、当地居民、发展商取得"三赢"。项目建设大大提升了当地村民生活

规划设计效果图

质量、促进了就业和增加了收入。规划处处为民着想、与民为善，将科学发展观的核心——以人为本贯彻在规划和设计的方方面面。产业循环是首要任务，如何促进旅游产业、文化产业和商业互动，提升旅游业在产业链中的地位，保留当地特色文化和乡土文化为旅游增色，不仅是本次概念规划的首要任务，也是国家层面解决农业和城市化问题的重要探索。因地制宜是根本手段，根据现状地形和地貌，结合区内要素和周边资源进行规划，这是一个科学的城乡规划必须具备的，对于本项目而言，如何将经济和社会结构与空间形态进行整合，就必须因地制宜，将概念落实到空间层面。

情景设计和主题体验，旅游规划项目在未来很长一段时间里将以"情景"为主题、以"体验"为主题，人们花钱花时间为的是一种体验和一个阅历。体验经济的核心是将旅游者的参与融入我们的策划中，以服务为舞台，商品为道具，景点为背景，文化为载体使游客在茯茶小镇的消费活动中全方位、全身心地获得美好感受，以达到可进入、可停留、可欣赏、可享受、可回味的目的。

对旅游规划项目来说，本项目只是一个客体。作为主体的"情景"的融入和体验主题必然使茯茶小镇这个"景"更辉煌。所谓情景交融，就是这个道理。我们策划的切入点和出发点就基于此。

以"茯茶"为心，"静""思"为魂，"逸""乐"为骨，"文化"为肌，"艺术"为肤，心——寻根之旅以及慢生活的体验，魂则为"静"与"思"；骨则为安逸之所，快乐之本，肌为民俗文化，历史文化，肤为创意人文，概念生活。

新文化路线，创意、人性、多元的文化体验；新旅游线路，休闲、体验、娱乐、旅游观光相融；新交际路线，喜悦、释放、交际的情感场所；新生活路线，创意生活魅力；新商业路线，"市场份额"向"顾客份额"转变经营；新形象路线，形象窗口，展西安时代魅力；新文化特质路线，消费与文化延伸，新文化特质；新城市发展路线，城市商业核心点转移。

2. 整体规划结构及其立意

整体规划形成"一轴一带，三核五区"的规划结构，通过片区发展轴线

落定——茯茶小镇的建设和实施

城市林带

茯茶小镇规划总平面图

的确定，串联整个基地，然后沿着水系，确定整个地块的生态景观轴线，营造田园水乡景观体系。通过一轴一带，对五个主要功能区进行串联。最后形成商业核心节点、文化核心节点、景观核心节点三大核心。

3. 功能布局与业态分布介绍

规划确定茯茶小镇三大核心功能板块。分别为住宅板块、商业产业板块与保留板块。

其中住宅板块包含高端住宅区与安置住宅区两大部分，保留板块主要为双赵村范围。商业产业板块则包含商业展览与产业发展两个主题。下面将对各个主要功能区进行详细解析：

（1）茯茶主题博物馆

博物馆建筑面积27707.63平方米，以茯茶为主题，围绕茯茶的历史，现状，生产和加工工艺及流程，茯茶产品的展示和销售来向游客介绍茯茶文化，同时综合片区管理办公，接待服务，会议洽谈等功能。

(2) 茯茶文化商业街

商业街建筑面积59098.79平方米，以特色商业为主，包括茯茶驿站、茯茶戏楼、丝绸之路民俗特色展示、经营等，形成风貌特色鲜明的小镇街市，形成以落叶归根、宁静致远、百善孝为先及邻里和合文化，即"根、静、孝、合"为主旨的关中商业街。

博物馆方案一

博物馆方案二透视图

落定——茯茶小镇的建设和实施

博物馆方案二鸟瞰图

博物馆方案二设计元素分析

特色小镇建设的实践与启示

茯茶文化商业街效果图

（3）体验式作坊

作坊建筑面积51655.46平方米，以两三层建筑为主。建筑半围合式，使环境和建筑空间相互渗透，浑然天成地融合在一起，也带来了茶香间的一抹惬意。

体验式作坊效果图

（4）茯茶厂房

茯茶厂房为本规划方案的产业开发板块，东临茶马大道，北临现代都市农业实验区，具有较好的景观和交通优势。茯茶厂房主要为茯茶产业的生产加工区，建筑面积130313.5平方米，建筑均为二三层。

墨君茯茶厂房

墨君茯茶厂房内景

（5）民居保留改造

本规划地块的核心区域中有大片现状农村宅基地，本方案从拆迁安置问题的角度出发，考虑暂时性保留部分农宅进行改造，以农家乐的形式进行经营，一方面缓解前期拆迁安置压力，另一方面为本规划增加特色业态。民居保留改造区占地面积90624.7平方米，建筑多为平层带庭院民宅。

（6）溢香园居住小区

小区建筑面积317 132平方米，以11层建筑为主，顶层复式。北方可眺望农业示范区，东方可眺望泾河景观，西面临科技园花园景观区，东面可观基地内中心湖面风光，整体环境优美、清净。

建筑形式多以三面围合为主，营造院落空间，围合出宁静安逸的小型院落空间，孩子可以放心的玩耍，在这里，呼吸着新鲜的空气，缓缓地饮一杯热茶，细细品味生活的幸福。

改造效果图

（7）关中大宅——田园住宅区

关中大宅为本规划的高端住宅区，主要以三层高端别墅为主，位于地块中央核心区的北面，紧邻中央水景，环境优美。本区域建筑面积25025平方米。结合整个规划的文化景观主题进行规划设计，演绎中国式居住形态。

关中大宅意向图

按照《茯茶小镇概念规划》对整体项目做出的统筹安排，目前完成的项目由茯茶文化产业园、商业展示区、特色小镇（双赵村改造和商业住宅区）、基础路网及景观提升改造四部分构成。

茯茶文化产业园，占地面积约210亩，以茯茶文化的挖掘和传承为切入点，通过引入当地茯茶龙头企业，打造茯茶上下游完整产业链条，建立集茯茶产品生产、研发、体验及文化展示为一体的新型综合性园区。

商业展示区，占地面积145亩，其中茯茶博物馆约45亩，建筑面积8000平方米，是集茯茶展陈、茶艺表演、茯茶储藏、办公研究等为一体的综合性建筑体。茯茶商业街约100亩，规划建筑面积约12万平方米，建筑风格充分融入了关中民俗建筑元素，风格古朴，包括特色餐饮购物、茯茶温泉酒店、草根舞台、民俗客栈、剧院餐厅、国学馆、陶瓷馆等多种业态。

特色小镇，占地面积约660亩，其中双赵村改造约340亩，根据"不拆房、不新建"的基本原则，在努力保留村庄原始风貌的前提下，对双赵村

518户外立面、街道环境及地下管网进行就地改造,为村民打造整洁、优美、舒适的生活环境。商业住宅区约320亩,以"绿色、生态、和谐"的设计理念,为居民打造优美宜居的生态田园小镇。

基础路网和景观提升改造项目,占地面积约235亩,其中基础路网约122亩,总长度约4.7公里,通过茶坊一路、茶坊二路、茶坊三路、茶香大道等九条道路,打造茯茶小镇便捷的交通路网。景观提升改造约113亩,水系长度约为1公里,水域面积约11293平方米,通过"五福"(茯园、富园、福园、赋园、孵园)格局的巧妙搭配,并以茯茶文化、乡愁为主线,将关中民俗文化、茯茶体验、田园风光、商业经营进行高度融合,让游客参与其中、互动体验。项目建成后,将成为国内一流的集茯茶生产加工、茯茶文化衍生品研

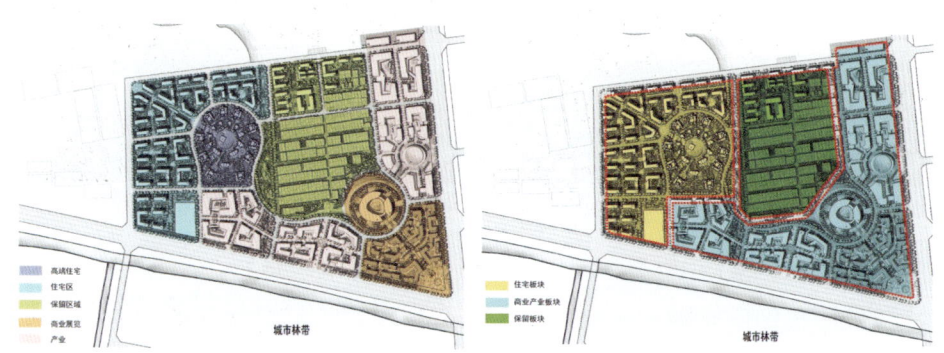

功能分区图

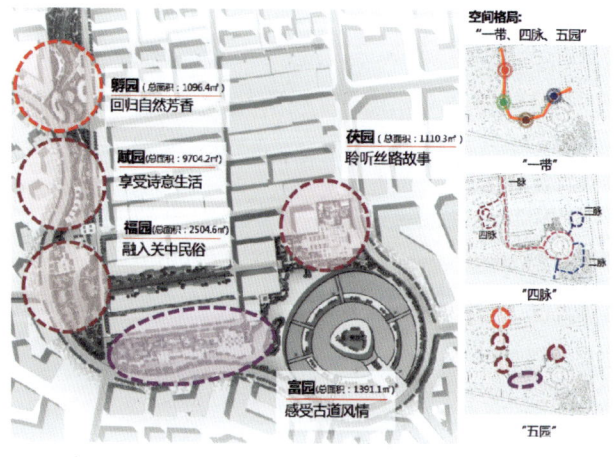

"五福园"分布示意图

发、文化展示、旅游体验和城乡统筹为一体的综合性园区。

（8）茯园

茶之路，道之路，茶道相生（占地1110.3平方米）规划项目：茯茶园景观门、水系主雕塑、喷泉、茶马古道文化墙、文化广场、观景木平台、停车场、管理房、停车场、主标识牌。通过景观的设计体现出丝绸之路经济带是一条富民之路、文化之路、和平之路，此条路成为经济发展的驱动带、多元文化的交汇带、促进地区、和平兴盛和推动人类文明进步的纽带。通过广场的雕塑、小品、路灯、文化墙等细节营造体现"丝绸之路"重要的历史节点及特色，还原丝绸之路辉煌的同时，突出项目历史民俗文化的特征。在集散广场及众多小型景观广场之中聚集人气，同时举行产品推广丝路文化、民俗文化等。

游览茯园，即是对茶和道的一次体会，在道法自然的空间场所中，感受道家的智慧与茯茶的融合。兼容并蓄，彼此互补之理是先人对"道"的探索，而茯茶之道亦深谙其理："以菌类与茶叶共存，得奇特之功效，能明目，能消胀，能提神，能清心。传至今日，蕴涵大道。"不仅如此，在茯园中，亦能领悟中国茶道文化的博大精深，体现在各个方面。聆听《走茶叶》《煮茶叶》《乾隆品茶吟诗》的故事，将游人带入茯茶的世界。送茶之礼，饮茶之道，品茶之魅，将使人深深的陶醉于茯园之中。

（9）富园

饮金花之茶香，品精神之富足（占地1391.1平方米）规划项目：富园景观门、观景品茶船舫、养生、表演、丝路茶艺坊、观景船舫、健身娱乐、小吃店、观景平台、休闲沙石滩、竹影。项目结合"富文化"与茶园，以勤劳致富、富余、向上、吃苦、富足、富裕、充裕、富强、充足等感受茶韵的精神财富，是一件风雅、一种情趣、喝的是一种心境，感觉身心被净化，滤去浮躁，沉淀下的是人生路途的深思。在重要节点上，通过雕塑、小品，体现丝路文化、茯茶文化、民俗文化，加强游客与商业街区的互动，吸引游客，并让游客能在此停留。

穿过茯园，学习茶道之后，来到富园，在这里静坐，品一盏暖暖的茯

茶，解去身体之油腻，在《红楼梦》的故事中，亲身体会茯茶的功效，更重要的是，寻求品茯茶后带来的精神富足，在富园中，游人能忘却浮躁，净化身心，观湖岸之景，富足之感油然而生。

（10）福园

规划项目：福园景观门、茶园、摄影地、骑马、花圃景观、小菜园、采摘园、植物群落、艺术森林、廊桥、山地自行车分布其中。在茶海、绿树兼有"茶、禅、花、竹"等主要元素，为游客精心营造了一个绿的世界、倡导"自然、健康、自由、快乐"的生活方式，崇尚"平等、真诚、协作、自主"的人文精神结合茶禅文化的融合花海的浪漫，竹林和茶园的掩映下，犹如仙境般梦幻！

感受精神的富足之后，来到福园，拥抱"福"气。茯茶，也被称作福茶，其中蕴涵着妙趣横生的故事，传说西汉张骞奉命出使西域，用发霉的茶叶救了游牧民族的命，安吴寡妇与慈禧太后也因为茯茶结下了不解之缘，安吴寡妇给慈禧上贡品时说，这是家乡自产的茯茶，但是因关中话发音较直，慈禧误听为福茶。高兴地说，福茶好，福茶好！这也就是后来有人把茯茶叫作福茶的缘由。这些故事，诠释了茯茶被称为"丝绸之路生命之茶""福茶"的原因。因而茯茶不仅能带来富足的感受，还能将福运传递给游人，在福园中，游人听着故事，充分感受茯茶神秘的魅力以及福文化的内涵，其实，幸福就在行走于福园之中。

（11）赋园

规划项目：赋园景观门、景观石节点、摄影地、花圃景观、小菜园、采摘园、琴棋书画雕塑、艺术森林、廊桥分布其中，打造原木与砖石相结合的质朴风貌。在开放广场上增设艺术展示空间，搭建茶文化和传统艺术展示平台，艺术家可在广场上写书法，表演民间艺术，游人可亲身参与到传统文化诗、词、歌、赋的体验当中，通过诗廊、辞赋廊，营造茶文化气息。

（12）孵园

规划项目：孵园景观门、湿地、观光木廊架、垂钓区、木栈道、观光岛、阳光草地、丛林穿越。种植以观叶类为主的水生植物，强调滨水之趣，

落定——茯茶小镇的建设和实施

乔木栽植柳类，同时配以山地特色树种，建造庭院于绿水、茶田、湿地之间，空气中富含大量负离子，游客可漫步于蜿蜒的木栈道上寻求探险，设计以田园湿地为景观载体，以清澈溪水展示为特色，集观光、科普教育、户外游乐和特色庭院于一体的体验区。

品过茶香之后，来到回归本真的孵园，在这里，展示的是自然的纯净之美，追溯茶之本源，从玉皇大帝与茯茶的传说故事开始：上天赐福，茯茶传世，揭开茯茶神秘的面纱。东汉张彪献茶，桓帝赐名，使得茯茶得以在民间广泛传播。再到后来，茶马古道的开辟，让中国茶之美，因陕西茯茶而升华。

这一系列故事，向游人讲述了茯茶从"孵育"、传播再到广为流传的过程，走在孵园，仿佛置身于历史的长河，伴着茶香，感受茯茶千年的沧桑和神秘魅力。

4. 交通网络体系与疏散系统

依据规划设计理念，双赵村整体改造可分为五大功能区，集餐饮、娱乐、休闲、旅游、观光、体验、住宿等功能于一体，而此方案将结合双赵村实地情况，并在定位报告功能区划分的基础上进行命名。

根据道路现状，整体呈"五横两纵"式布局，结合地块的功能划分，纵向道路以"路"为名，横向道路以"巷"为名，故道路命名如下：

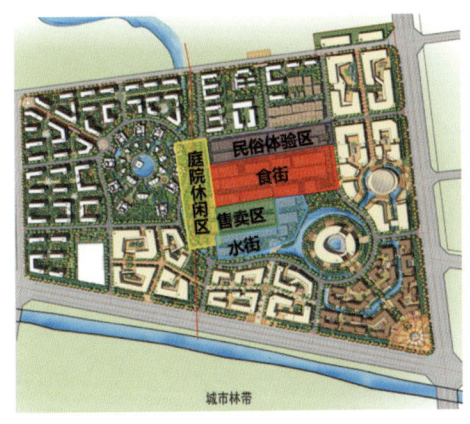

功能区	业态分布
食街	首期开发的58户民居，以特色餐饮为主
水街	打造水景景观，配套休闲娱乐设施沿水系规划特色餐饮
庭院休闲区	打造客栈、庭院等配套休闲娱乐设施
民俗体验区	让游客亲自体验晒玉米、推石磨等民俗生活
售卖区	售卖茯茶等当地特产、以及纪念品

茯茶小镇功能分区示意图

159

(1) 五横道路名称

一横：潜巷（短街浅巷）。寓意巷子短浅，曲径通幽，一方面符合古建古村的道路特征，另一方面曲径通幽的道路规划，可让游客体验到古村古建的真实感受，又能给予人游街的好奇感和体验感。

二横：长兴巷。根据双赵村功能区的划分，作为食街的主要道路，命名其"长兴巷"，有生意兴隆，长久不衰，兴旺发达之意。

茯茶小镇街巷指示牌

三横：井田巷。"三横"所在位置将售卖区与食街相分离，将土地分隔成方块，形状像"井"字，其次井田在古义中有着规划及规矩的含义，因此命名其为"井田巷"。

四横：茶马巷。与古丝绸之路相结合，取茶马古道称谓，作为双赵村中的四横，结合售卖区的功能划分，赋予其中国西南民族经济文化交流走廊的含义，展示丝路文化，故取名为"茶马巷"。

五横：天茯巷（与茯茶文化相关，与展览馆相依）。作为五横，与茯茶厂相邻，与展览馆相依，故命名为"天茯巷"，后期将作为茯茶文化展示的窗口。

（2）纵向道路名称

一纵：憩苑路（休憩区，庭院客栈区）。结合庭院休闲区的功能定位，未来将打造客栈、庭院等配套休闲娱乐设施，故命名为"憩苑路"。

二纵：丝域路。作为双赵村纵向中央主轴，在双赵村中具有举足轻重的意义，此路与丝绸之路紧密联系，作为双赵村的展示窗口，将弘扬丝路文化、民俗文化及茯茶文化。

5. 景观风貌及结构规划设计理念

泾河是黄河的三级支流、渭河最大的支流，发源于宁夏六盘山东麓泾源县马尾巴梁，流经宁夏、甘肃和陕西三省、自治区，有南北两源：南源出泾源县老龙潭、六盘山腹地的马尾巴梁，北源出固原大湾镇；南源经越泾源县白面镇、园子乡、穿沙南峡，在柳家河坝入甘肃平凉。两源流至甘肃省平凉市八里桥汇合，东南流经泾川，于杨家坪进入陕西长武县，东南流到泾阳至高陵县陈家滩汇入渭河，有景点"泾渭分明"，全长455.1公里，流经24个市县区，流域面积45421平方公里。泾河，每年九十月份，是泾河比较平稳清澈的时候，也是泾河风光最美的季节。

泾河是三省区两岸人民的"母亲河"，千百年来哺育了两岸570多万泾河儿女。泾河流域土地平坦，农业发达，矿藏丰富，经济开发潜力很大；耕地占全流域面积近1/3，是西北地区著名的产粮区。陕西泾河两岸黄土高原各县及泾惠渠灌区是陕西主要商品粮油基地；流域内还蕴藏有丰富的煤炭、石油、天然气、油母页岩、建筑材料等矿产，如长庆油田等。

泾河以洪水猛烈、输沙量大著称，居全国江河支流之冠，是渭河和黄河主要洪水、泥沙来源之一。泾河多年平均径流量为21.4亿立方米，年径流量分配不均匀。泾河是陕西茶文化和陕商文化的代表，"茯砖古茶"就是秦人在泾河边劳作的结晶，曾沿丝绸之路远销到西亚、欧洲，进而孕育出富甲天下的陕西商帮。

天下之茶，源自中国，国人饮茶，始于4700年前。"神农尝百草，日遇七十二毒，得茶而解之。""自然之道，见诸于茶。悠悠终南，老子焚香品茗。甘苦之间，启迪深远。""天下之至柔，驰骋天下之至坚"。

汉朝中国茶由长安经丝绸之路远传欧亚。是时，各国之间商旅往返，彼此和睦，久无征战。皇室民居，茶香冉冉。闻道之人，皆知老子之"天地有大美而不言"。及至唐朝，饮茶行为完善，成为礼制。人们于煮茶、煎茶之中，品位茶叶不言之大美。

当时，开辟了数条茶马古道，李唐天子囤天下之茶于咸阳，令中央控制，统一贩运，自此咸阳成为一大产业产销中心。中国茶之美，在明朝初年，因陕西茯茶得以升华。600年前，洪武年间，关中茶人以泾河之水，结合关中独有的半干燥气候，辅以茶人巧技，制成发花黑茶。因其成于伏天，故

名"茯茶"。咸阳产的第一批茯茶经由长久不衰的茶马古道运抵边疆。长年以肉类、乳类为食的边民们饮用之后,消除了积食、腹胀,奉茯茶为至宝。"宁可三日无粮,不可一日无茶,一日无茶则滞,三日无茶则病"。此后,茯茶还远传东洋。它以消食去腻、降脂减肥、降三高的功效,被韩国人称为"瘦身茶",日本人称为"美容茶",中国台湾人称为"消食茶"。老子认为,道者,兼收并蓄,济世利生,无所不在。茯茶,诞生于先辈对茶与道的探索与智慧,取道家兼收并蓄、彼此互补之理,以菌类与茶叶共存,得奇特之功效,能明目,能消胀,能提神,能清心。传至今日,蕴涵大道。茶之路,道之路,茶道相生。千年茶史,千年道史。丝绸之路、茶马古道,济世的绿叶传遍世间。以茯茶为代表的茶叶,带来了贸易,沟通了世界。

中国饮茶历史最早,陆羽《茶经》云:"茶之为饮,发乎神农氏,闻于鲁周公。"茶最早为礼据说也与道教有关,献茶给客人的仪式源于函谷关关令尹喜,他在老子西出函谷关时奉献一杯金色的仙药。道经《天皇至道太清玉册》记载:"老子出函谷关,令尹喜迎之于家首献茗,此茶之始。老子曰:食是茶者,皆汝之道徒也"。可见道家与茶文化的渊源无疑是最为久远而深刻的。它以道德修养为核心,以茶的高雅优美物性为基础,以传统的多种艺术为表现形式,融茶、道德、文化于一体,具有真善美的品性。而就其茶与水本身而言关系至深,谈茶就要论水。因为茶是水之神,水是茶之体,如无真水,其神不现,如无茶精,其体不显。明代许次纾在《茶疏》中说:"精茗蕴香,借水而发,无水不可与论茶也。"

茶道孕育了茶人精神,茶道的灵魂是"德",茶性中蕴含着茶德,茶性又与茶品相联系,茶品即人品。从茶与水的至深关系来看,水的品性也体现在茶性之中。因此自己活动,并能推动别人的。水性与茶性这些自然的本质特征渗透到人们的生活领域,表现在人对生活的一种理解,一种境界,一种理念,一种智慧,一种品格。可见中国茶文化的理念,源于水和茶的自然本性。

水因其无色而显茶之色;因其无香而发茶之香;因其无味而全茶之味。茶因水之柔而柔;因水之和而和;因水之谦而谦。茶与水的交融从物性上怡

| 落定——茯茶小镇的建设和实施 |

茯茶小镇"茯茶姑娘"展示茶道

人心情，致人健康；从精神上使人谦和无争、忘我而悟道。可见水的性质体现了"道"的柔而不争的无为之道的德行，它与茶性、人性可以说是一体的。

茯茶素有离了"关中气候、泾河水、秦人技艺"而"不能制"的说法。是泾河水孕育了茯茶，而茯茶又称为泾河历史中一颗璀璨的明珠。

水系规划以茯茶创制的三要素（关中气候，泾渭之水，秦人技艺）为出发点，以水系为线索，茯茶历史为灵魂，依托现代理念的景观设计手法，打造关中民风的茯茶文化景区。这是一次溯源之旅：沿泾花溪水，逆流而上，寻根溯源，探寻茯茶文化历史风韵。走泾新茯茶之旅，感受千年丝绸之路，茶马古道。天：利用植物造景，溪水空间等共同营造怡人气候；地：依照地形，地势引泾河之水形成泾花溪；人：以茯茶历史文化贯穿全镇，充分反映秦人制茶风范。

茯茶小镇水系规划意向图

特色小镇建设的实践与启示

规划打造水系景观四大组团，"起"为寻溪源：结合湿地景观打造休憩空间，营造舒适氛围，了解茯茶漕运历史；"转"为赏金花：组团内结合水系设置商业空间与休闲茶社，鉴茯茶文化，赏精茗蕴香。"承"为识茶史：主入口处设置特色牌楼与音乐广场，结合茯茶漕运雕塑，听秦腔识茶韵，突出当地茯茶特色文化；"合"为品茯茶：结合湿地景观打造休憩空间，营造舒适氛围，品上善若水，饮泾新茯茶。

溯源之旅：沿泾花溪水，逆流而上，寻根溯源，探寻茯茶文化历史风韵。走泾新茯茶之旅，感受千年丝绸之路，茶马古道。

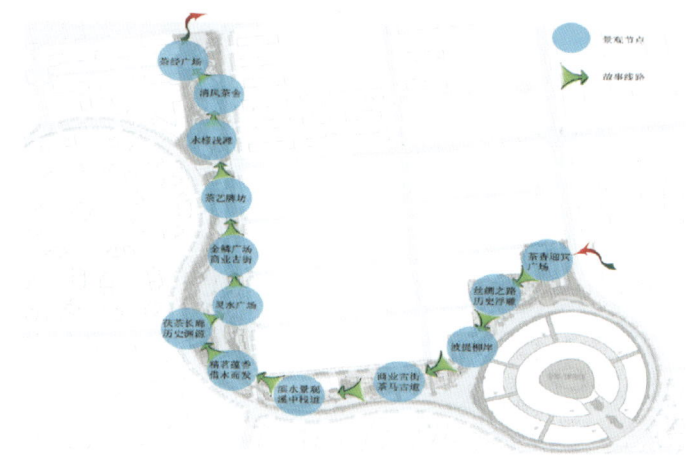

茯茶小镇景观节点分布示意图

6. 茯茶小镇的建筑造型及风格

居民建筑分布示意图

| 落定——茯茶小镇的建设和实施 |

　　陕西的关中地区，有"八百里秦川"的美誉。据相关资料考证得知，中国最早的房屋建筑便出现在关中这片土地之上。经过了千百年的变迁与发展，关中民居以自己特有的古朴、恢宏的建筑风格，在中国的民居建筑中自成一派。如果江南民居精巧优美，有如小桥流水，又如低吟"杨柳岸晓风残月"，那么关中民居则更像是铁板击节高歌"大江东去"，恢宏雄壮。关中传统民居的布局及空间处理都是严谨并且十分有秩序的，多数建造为传统的三合院、四合院，院落层次较多，构成了错落有致的景观，颇具气势。多数民居屋面为小式瓦作，屋檐加飞橼，多用雕砖或镂空瓦片来装饰，其中最具特色的便是雕刻了。关中历代官甲富商在建造住宅时，并不追求建筑的色彩和材料的贵重，多是通过雕刻来装饰。一堵影壁、一段花墙、一扇门窗甚至一块方砖之上的各种精美绝伦的雕饰，均体现了房屋主人的人生理想与道德追求。

茯茶小镇建筑雕塑装饰

茯茶小镇居民住宅建筑

茯茶小镇位于关中腹地的核心区域，村落体系也比较完整，民俗文化丰富，作为建设者，力求将其打造为中国第一座关中民俗文化体验示范村。构筑有记忆的房子：将陕西关中传统的民居建筑风格结合现代手法的处理，赋予简洁的外立面形式去除烦琐复杂的装饰工艺，传承传统建筑的坡屋顶形式，有利于第五立面的美观大方。在村落街道添加水景绿化，收集部分雨水补充中心景观，保留关中人心目中"肥水不流外人田"的口头言语，历经风风雨雨，关中人的传统住宅经历千年历练依旧安然，宜居舒适，关中人对传统住宅的向往也将传承万代。

双赵村基本可分为两大体系，一种为砖墙坡屋面；一种为面砖平屋面，多以一层为主，结构分明，村落体系完整。

凝望着这一道道宅门，犹如凝望着书的封面，止不住玄想，翻开之后，那是怎样丰富有趣一部内容呢……宅门也以它宠辱不惊、沉静闲淡的目光凝望你。不过你却能从它敦厚沉静中，读出门第的内涵，读出香远益清的书香……

拴马桩石雕是我国北方独有的民间石刻艺术品。它原本是过去乡绅大户等殷实富裕之家拴系骡马的雕刻实用条石，以坚固耐磨的整块青石雕凿而成，一般通高2~3米，宽厚相当，约22~30厘米不等，常栽立在农家民居建筑大门的两侧，不仅成为居民宅院建筑的有机构成，而且和门前的石狮一样，

拴马桩石雕及石雕门鼓

既有装点建筑的作用，同时还被赋予避邪镇宅的意义，人们称它为"庄户人家的华表"。明代石雕门鼓，民间有抱鼓石、石鼓、圆鼓子、石镙鼓、石镜之称，是为门枕石的一种，常见于传统民宅大门、牌楼建筑、寺庙前，是古代标志主人等级和身份地位的门庭装饰艺术品，与门簪、门槛、门扇、门框一起映射古朴典雅的整体艺术装饰美感，有吉祥、祈福、避邪之象征，并与建筑物交相辉映，和谐统一，起到门庭画龙点睛的作用，成为传统民居建筑中不可或缺的一部分。

中国古建雕刻艺术及青砖雕刻工艺品，被列为国家级非物质文化遗产名录，由东周瓦当、汉代画像砖等发展而来。在青砖上雕出山水、花卉、人物等图案，是古建筑雕刻中很重要的一种艺术形式。主要用来装饰寺、庙、观、庵及民居的构件和墙面。通常也指用青砖雕刻而成的雕塑工艺品。雕塑设计选用泾阳青砖与石材、木材结合的营造方式，构建出体现茯茶魅力的雕塑门，让游人置身于茶道之中，勾起观茶、品茶的兴趣，穿过茶门，仿佛闻到阵阵飘来的茶香味，让人流连忘返。人有胖瘦，福有大小，胖者常饮茯茶，修身养生美体，方可通过福门；福门上有体重计，身高仪，达到最佳匹配指数，才是有福之人。

建筑小品的设计中体现出茯茶文化，以及"福镇"的元素，做到精巧、细致，彰显空间品质。让游人在休憩间感受到茶文化的魅力，选用木材料制

茯茶小镇建筑雕刻工艺

作"茶门",达到回归自然,拥抱自然的意境。亮点:在福门景观中,融入科技元素,例如,当游人穿过福门,可以通过福门内置的检测设备为游人检测身体数据,并给出健康建议。

"福文化"与茶道相结合,品茶,即品味生活哲学,"福"作为精神追求,和茯茶茶道精神相契合,形成茯茶小镇的核心价值观,让人来到福镇,品过茯茶,即体会到静心的感受,摆脱城市生活中匆忙的节奏,在小镇中感受到福运、幸福,这是茯茶小镇的性格,也是茯茶小镇设计的核心理念——传递慢生活节奏,达到和谐,养生的目的,使人感受内心最美好的境界。中国传统文化中,"方"代表刚直的气节,"圆"则代表通融的智慧,两者代表的含义全然不同,但却能作为整体融合的天衣无缝,体现出传统的价值观,如天圆地方,内圆外方等,通过对方圆文化的诠释,在小镇中处处体现中华传统文化的智慧,在空间中营造天地观、自然观。体现传统文化的传承。

在建筑小品的设计中,充分体现中国传统文化符号,以"福"为主题,福文化是在中国土生土长的一种汉族民俗文化。伴随中国几千年的历史文明的变迁与发展,如今已经渗透到了人们生活的点点滴滴中,所折射出的是我们整个中华民族的生活观念及价值观。所谓"福",在过去是指"福气""福运",而现在人对福的理解是"幸福"。这是一个美好的愿望。一个"福"字寄托了人们对幸福生活的向往。在小镇中大量运用"福"元素,能为小镇营造出场所精神,也是小镇对美好未来的充分诠释。

第五福门:游客在园区内游览,通过第五福门的引导,作为结束,并经过整个园区的游览,游客对能感受到各种"福"的存在,而在整个游览即将结束之际,经过第五福门,每个游客都能寻找到属于自己的"福",或是发现自己缺少,正在追求的"福"从内心中升腾起对更美好"福"的追求和向往。

茶马古道的设计:茯茶是古丝绸之路上著名的神秘之茶,它的出现,使陕甘茶马古道与安化茶马古道相衔接,演化为陕、甘、湘茶马古道,贯穿了几乎大半个中国。古代茯茶的运销茶路,主要有四条,均经过泾阳,本规划方案中,将四条古道线路进行抽象,运用在景观体系塑造中,彰显茶马古道的辉煌历史。

建筑材料的选用:泾阳青石、砖、锅盔等自古闻名遐迩,选取上述元素,就地取材,即经济大方又质朴典雅,让游客感受泾阳悠久的民俗文化,品味茶园的福气与喜气。

吴良镛先生说过:"中国有丰富多彩的建筑文化遗产,但是近一百多年来科学技术发展滞后,建筑学也不例外。因此,我们在吸取先进的科学技术、创造全球优秀文化的同时,更要有一种文化自觉的意识、文化自尊的态度、文化自强的精神。面对西方文化的挑战,要像保护生物多样性一样,对文化多样性进行必要的保护、发掘、提炼、继承和弘扬。"

(1)建筑设计要义

①源于内心的文化积淀

文化的形成是经过历史的长期发展而积淀下来的,充斥于整个城市、建筑之中,融于人们的生活里。文化会在潜移默化中影响着每一个市民的想法

特色小镇建设的实践与启示

| 河石 | 青砖 | 泾阳青石砖 |

土坯墙　　　　丰收的玉米　　　　生产农具　　　　木质材料

建筑材料

以及行为，进而影响到城市的整体规划及建设，文化是区分不同城市特色的核心所在，可以说文化是城市和建筑的灵魂。

　　我国土地幅员辽阔，不同的地方都有着各自鲜明的特色，进而创造出了属于自己的建筑与文化。但随着全球经济、技术的高速发展，我国在改革开放这三十年间经历了高速的经济发展时期，以及建筑技术和生产方式的全球化。全球化经济时代的到来，人们逐渐远离了传统地域空间，地域文化的多样性和特色在逐渐消失，追求高速经济发展使得城市和建筑物必然走向标准化和商品化道路，致使建筑特色缺失严重，整个城市文化以及建筑文化都有趋同的现象，特色危机笼罩着整个城市之中。如今，"千城一面"的情况越发的严重，每到一个城市的时候，已经逐渐感受不到属于当地特有的建筑风格与文化，分不清身处何处。

　　②地域风格的继承

　　不论是关中地区还是其他地区，富有地域风格的建筑也会随着时代的发展和人类社会的进步而出现一些新的变化，并不是一成不变。在适当地引进新技术并在对原有建筑的构造、结构和材料等元素进行改造的过程中，其建筑风格就必然会发生一些相应的变化。当然发生这种变化的过程并不是随心所欲的，也是我们今天所要探索的。我们认真地研究和理解地域建筑文化发展的内在机制，并有机地继承和发展它，为新时代建筑物的地域风格找出一条适宜的发展之路。

③传统建筑的传承

在进行建筑设计的时候应该要对该地区的传统风貌建筑做深入的调研，进而传承古老建筑的精髓，并且使用现代的技术，融合以现代的生活方式来改变传统建筑的不足，将传统的建筑风格与现代建筑所营造的生活方式有机结合，从而使传统地域建筑在当代焕发出新的活力，传统建筑不单单是作为一种孤立的保护对象，应该极富生命力的，与人们生活紧密相连的。建筑不再是千篇一律的风格，而是有自身特色的，延续传统文化的，独一无二的。

在一些地区，传统建筑形式至今仍在沿用，这对建筑师来说无疑可以带来宝贵的经验及启示。同时，也可以说明任何一种传统建筑形式是需要与新时代的建筑技术、新时代的生活习性密切结合才能获得新的发展。由此我们可以看到，在建筑设计中既不能一味地照搬古建筑的模式，更不能一概而论地否定传统建筑形式，其传承千年的建筑智慧有非常多值得学习和借鉴的地方。建筑的发展是具有连续性的，这种连续性的关键在于新、旧建筑的交替，可以说，新建筑无一不是在旧建筑的基础上发展起来的。我国传统的建筑形式承载了历史发展的连续性，凝结了古人建筑的智慧精华，是珍贵的物质文化遗产与非物质文化遗产的综合体。因此，如何继承传统建筑的精华并将其传承和发展下去是需要被足够重视的问题，也是当代建筑师的责任。

在茯茶小镇中，可以充分感受到从纯朴率真的乡土气息中透露出特点鲜明的关中地域传统建筑形式。

（2）文化象征的表达

①传统民居符号的提炼与重构

这一类建筑创作手法，在立面设计上表现为对传统民居视觉形象以及设计手法的认同。它并不是被动地延续传统，而是对传统的建筑形态和特征进行研究，结合本地区的施工工艺对其进行改进。

通常是在建筑单体、围墙、景观小品中，重点提取一些典型又易于表达

特色小镇建设的实践与启示

的民居建筑元素进行一定的简化、抽象、影像，重新整合到现代建筑中去，使整个设计既有传统文化的底蕴，又具有现代建筑的实用功能。例如将传统民居的马头墙、局部菱形景窗、小披檐、斗拱、雕花、门头、抱鼓石、花窗、灯饰、屋檐、制式围墙等进行提取运用，就可以在一定程度上表现出传统的风貌。设计者能够恰当地提取传统建筑中的细部符号元素（如花格窗、漏窗等）及其特有的艺术特征，并能加以简化运用，使建筑能够产生联想和创意的新鲜感，同时又渗透着时代特色和建筑技术进步的特征。

②传统民居意象的传神表达

民居形态的抽象提炼是指在地域建筑的设计中不是简单地运用民居形态，也不采用具体的符号创作，而是抓住民居的基本建筑形态进行抽象提炼，充分把握住传统民居的气质，从而达到既拥有传统民居的韵律风情，又能够体现现代建筑的时代气息、节奏感与技术特征。这一建筑设计的方法需要创作者对传统民居建筑文化有着比较深刻的理解，能够抓住传统民居建筑的精神气质，再融合设计者自身的理解，使建筑设计作品既有传统民居的韵味，又没有具体传统表面形式的借用。

③传统民居材料及色彩的提炼运用

在古代，由于受到地域性的限制，使得传统建筑的材料运用远不如今天这样的丰富多样。然而这却也是古代传统建筑能够保持其不自觉地统一性的重要原因之一。分布于中国各地区的传统民居，都有其自身的材料特点以及色彩运用的手法。各种色彩的搭配也已经像传统民居的制式一样，传达了当时人们的审美文化。应用传统建筑材料，是在当代建筑造型设计中体现出传统与现代相结合的常见设计手法。在现代建筑的造型处理中引入传统建筑材料，再现传统建筑材料的肌理、质感，让材料无声地表达着传统的文化。另外，深入挖掘传统建筑和传统建筑材料背后所蕴藏的传统文化精神内涵，能够使建筑设计步入新的境界，用现代的建筑材料抽象地重现传统建筑材料，含蓄地演绎了传统文化。

④民居整体形态的模拟与升华

对民居整体形态的模拟就是指在地域建筑创作过程中，通过对当地特色民居的外部形象、细部构造、结构形式等方面进行了提炼与模拟，使建筑与外部生态环境相互融合，较好地反映出当地特有的地域文化特征。通过对民居形态的模拟很容易与原有环境融合，是一种比较容易实行，并且效果明显的设计手段。目前，在民居整体形式的借鉴上，更多的是建筑结构形式与现代工艺结合进行设计，使得传承了当地传统建筑文化的同时又有了一定的视觉创新。茯茶小镇在这方面做了非常多的积极探索。

三、实施——茯茶小镇的运营

1. 项目运营机制及运营模式

设计特色小镇的建设是维系现代社会可持续发展以及协调生产、生活与生态三者之间动态关系的重要保障，是加快城镇化进程整体规划体系的重要组成部分。建设特色小镇，在挖掘小镇人文、历史及丰富的资源的同时还需要制定合理的运营机制及运营模式保障项目的顺利发展。

（1）项目运营机制

①运营目标

积极寻找"灰姑娘"模式，以商业街带动茯茶小镇的整体开发，使项目成为西安乃至全国最受关注的文化特色商业街。

②运营原则

先建成营销中心，通过营销中心展示、商业包装、广告推广，让项目有影响力和感染力；商业基本建成后，方可开始宣传推广，正式引入商家，再开盘销售；先招商，再销售。工程、展示、推广、招商、销售五条主线并行。

③运营策略

统一的招商策略，统一的营销策略，统一的推广策略，统一的经营策略，使商业街打造成为全国一流的休闲、观光、体验、旅游、养老、养生的城市文化旅游名片。

④招商策略

先招商后销售，先做一个样板商业组团，后全面招商，先定向大客户招商，招配套商业，后媒体公众招商，资源及行业推介招商，先招省外商家，后招省内商家，坚持动态持续招商。

⑤招商目标

● 丝路文化特色的商家；

● 泾阳县城周边的民俗特色商家；

● 西安市区内及周边的特色商家；

● 周边运营较好的民俗村商家；

● 酒店、养生洗浴、茯茶茶馆等配套经营商家。

⑥招商途径

● 特色的民俗村商家，对民俗村调研，了解招商政策，接触经营商家，洽谈，进行定向招商；

● 面向社会的特色商家，洽谈西安市内特色商家，洽谈西安市周边县城民俗特色商家，泾阳县及周边民俗特色商家，通过资源及行业推介，引入丝路文化特色商家；

● 配套类商家（大型业态——酒店、客栈、儿童娱乐、温泉养生洗浴、茯茶茶馆等）与品牌嫁接，跨界招商，通过资源及行业推介，制定推介奖金，招配套类商家。

项目分五批次销售，一批次——19亩商业街，以小商铺为主，低价入市，以最易经营的餐饮及特色购物业态为主，一举击穿市场，最大范围内集聚客户群；二批次——销售商业街茯茶茶馆及餐饮；三批次——销售东侧沿街小型餐饮、购物业态商铺；四批次——销售东侧商业街内街配套业态；五批次——销售企业会馆及酒店客栈大型业态，完善项目的商业的功能配套。

（2）项目运营模式设计

项目运营要实行"政府+企业+公众"共同参与的模式，即（G+C+Z）的开发模式，走"政府引导、企业运营、公众参与"的科学发展道路，最大限度的实现资源的优化配置，坚持共赢的原则，发挥政府、企业、公众各自的优势，充分调动三方的积极性，才能更完美和顺利地完成项目的运营，从而使三方共同获利。

关于（G+C+Z）的说明——G：地方政府；C：指企业，其包括区域运营商和开发商；Z：广大民众。

（3）项目收益模式设计

首先是打造核心吸引中心，完成项目的初步收益，通过创新策划与设计，面向市场需求，整合产业、文化与社会资源，打造具有强大吸引力的茯茶产业项目。其次是构造休闲聚集中心，进一步扩大收益，用核心吸引中心把休闲消费者吸引过来，通过度假酒店、休闲养生、茯茶文化小街、户外运动、特色餐饮等留住消费者。再创造延伸发展中心，吸引延伸收益，通过前两大中心的发展，区域土地将会实现逐步的升值，由此发展休闲地产、文化创意产业等。

（4）政府在开发中的运营模式

茯茶产业及旅游产业的顺利、健康发展离不开政策的支持。因此，不仅要认真执行上级有关茯茶产业及旅游产业发展的政策，而且要积极制定相应的政策以保障茯茶产业及旅游产业的快速发展。政府不再是投资主体，政府在项目地茯茶产业及旅游产业体系发展、完善的过程中只发挥投资的引导和带动作用，其主要职责是规划、监管和引导。同时完善对社会投资的服务体系，为社会投资营造公平竞争的环境。

（5）企业在开发中的运营模式

通过政府的引导作用，培育社会投资主体，采取"区域支撑投资商+次级开发商相结合"的投资结构，积极推进投资主体多元化。

（6）公众在开发中的运营模式

项目地茯茶产业及旅游产业的发展要全面兼顾当地民众的利益，确保在产业开发过程中实现当地民众利益最大化。同时，在旅游开发的过程中，当地民众要重视发展茯茶产业及旅游产业的重要性，不断提高自身素质，增强宣传和保护意识，确保自身获得利益的同时，保护来之不易的品牌资源。

2. 茯茶小镇项目及产品宣传推广

（1）宣传与推广

①茯茶小镇宣传

目前已搭建好"茯茶小镇微平台"窗口并开始了整体推广运营，根据目前各项业态的现状,暂定每周选五天进行消息推送。目前正在通过"线上线下"相结合的方式开始增粉计划。关于茯茶小镇百度搜索系统、百度竞价等均在实施中,将微信、微博、官网进行整合运营,后期将扩展多种运营渠道。整体媒介宣传方面正在与西咸新区泾河新城文化旅游宣传局进行紧密合作配合,根据对方对茯茶小镇的宣传渠道计划,目前已制定了具体的后补计划并实施,后期会从全盘考虑打造品牌。

②茯茶小镇主力店——泾新茯茶

泾新茯茶茯茶小镇店作为泾新茯茶公司在茯茶小镇的自营项目之一,有着画龙点睛的作用,既凸显了茯茶小镇茯茶为魂的产业根本,又增加了泾新茯茶的曝光率、影响力和销售份额。

③与《白鹿原》全面合作

泾新茯茶公司前期和光中影视就《白鹿原》广告软植展开全面合作。经过近期的沟通洽谈,双方就在茯茶小镇开设《白鹿原》专题茶馆(餐馆)及茯茶小镇店内的相关《白鹿原》剧照等其他关中文化的软装布置初步达成一

泾新茯茶

落定——茯茶小镇的建设和实施

致。经过泾新茯茶公司和光中影视的进一步协商，前期光中影视会提供《白鹿原》电视剧出现的泾新茯茶剧照以及相关仿古家具放置在泾新茯茶公司茯茶小镇店，提升店内气氛。后期再展开以《白鹿原》为主题的特色茶馆的相关合作。

④与《那年花开月正圆》剧组合作

借助茯茶小镇所蕴含的陕商文化与茯茶文化元素，与《那年花开月正圆》剧组进行合作，使小镇成为影视拍摄基地，影响力和知名度得到了极大提升。

《那年花开月正圆》海报

（2）旅游纪念品开发

①开园茶和开园茶具

为迎接茯茶小镇开园，泾新茯茶公司于2015年6月份开始筹备两款新茶和一套青花瓷茶具作为庆祝茯茶小镇开园的纪念茶和纪念茶具，已于开园当天发行。

②茯茶小镇明信片

茯茶小镇主打关中民俗、传统文化，明信片作为传统文化的特殊载体，不仅成本低廉，而且作为天然的广告载体可以展现二次宣传、传播茯茶小镇的特性，从而达到宣传茯茶小镇的效果。公司就茯茶小镇定制明信片包括民俗和传统的定位、乡愁山水的画面、五福及景色的融入、产品和衍生品的搭配，都将是构成茯茶小镇定制明信片的基本元素。

③茯茶小镇吉祥物

根据茯茶小镇的文化元素及定位，为了加深游客对园区的旅游印象，公司设计了田园五福、茯茶姑娘等多款旅游纪念品。

（3）开园活动及后期宣传

①暖场活动策划

举办啤酒文化节：为了开园进行暖场活动，商管公司按照开园计划部署，进行首届"寻觅夏夜清凉感悟茯茶小镇"盛夏啤酒文化节。

茯茶小镇放映怀旧电影

| 落定——茯茶小镇的建设和实施

经营业态：青岛四色扎啤、烧烤、园区商户手工艺及美食展示区、老电影、音乐演出、陶瓷品展示区。为了丰富啤酒节现场氛围，公司引入了青年音乐团队驻场演出，通过乡村音乐、摇滚音乐的表演与广大游客零距离互动，共同营造一个以啤酒、烧烤、音乐、美食为主题的休闲、时尚、狂欢派对。与演出团队建立了长期合作初步意向，由演出团队以临聘人员方式在园区进行后期音乐艺术烘托计划，力求让乡村音乐与小镇特色交相辉映，计划后期在园区设置音乐教室，进行民俗音乐、乡村音乐教学，使茯茶小镇园区载歌载舞、欣欣向荣。

怀旧电影放映：为了极大体现"记得住乡愁"主题特色，计划自购数字电影放映机进行电影放映，同时可穿插播放园区宣传片。

②园区趣味互动游戏策划

茯茶小镇的节日活动

特色小镇建设的实践与启示

本着"望得见山、看得见水、记得住乡愁"的理念,根据项目业态情况,策划参与性强的民俗活动(如:丢手绢、滚铁环、茶艺表演等),并使部分特色活动制式化、常规化,从而达到活动不断、童叟齐欢、返璞归真的目的,使项目经营更具独特性。

③园区活动策划计划

开园艺术活动:通过联系各大高校及社会艺术团体,定期来园区开展不同种类的文化、采风、演艺活动,如:书画展、摄影展、陕北民歌大赛、童星闪耀等活动,达到提升文化氛围,营造良好人文氛围的目的。

非物质文化活动:通过邀请非遗传承人或对非遗感兴趣的人来组织一些与非遗相关的活动。如社火、泾阳木偶等。

节假日活动:利用教师节、七夕节、中秋节、国庆节等节日进行园区推广活动,在节日期间策划执行一些与节日相贴切的活动。

3. 茯茶小镇招商具体工作

①水街招商工作

茯茶小镇计划招商98户,截至目前已完成商铺招商92户,完成率达93%以上,保证金收取率达100%,可以说招商工作已基本完成。

②主力店招商工作

超市:初步与合作意向单位达成合作经营框架协议,为小镇提供全面的基础生活服务。

儿童乐园:经营内容有广场碰碰车、旋转木马、攀岩、挖掘机、蹦极、火车、水上乐园、儿童拓展营地等,配合啤酒文化节开始运营。

动物乐园:主要向儿童普及动物相关知识,寓教于乐,现已完成项目招商工作。

茯茶奶:已完成合作协议的签订工作,即将投入运营。

陶艺馆、张骞私房菜:陶艺馆目前已与美院相关团队达成初步合作意向;张骞私房菜已完成项目的招商工作,主营地方特色菜系。

③特色经营版块

手工艺品:该板块主营丝路沿线纪念品、剪纸皮影旅游纪念品、陕北腰

落定——茯茶小镇的建设和实施

茯茶小镇特色商品店铺

鼓、手工刺绣、洽川刺绣、手工编制坊、手工陶瓷木艺品、工艺品打火机、关中老虎鞋、布鞋、千层底鞋、黄花梨、印度小叶紫檀、金丝楠、佛珠加工等。

手工作坊：该板块主营酒作坊、油坊、手工挂面作坊、辣子坊、花馍作坊、豆腐作坊。

文化活动：与经纬围棋社合作，组织学员进行书刊、玩具等互换活动。同时面向附近乡村儿童宣传节约、再利用以及环保的生活方式，对有兴趣学习围棋的青少年儿童无偿开办公开课，讲述围棋的历史文化。拟每月举行两次活动。与泾阳书法家协会合作，现场展示书画作品，进行义卖和捐赠。面对游客和附近乡村宣传旧物再利用，公益捐赠等理念，拟每月举行1~2次活动。

帐篷节：通过野外露营的方式，齐聚各路驴友，畅谈户外感受，切磋户外技艺，通过各类丰富多彩的互动节目调动现场人员激情，烘托场地氛围。

④特色餐饮

西域风情特色餐饮：主要是具有丝绸之路沿线的民俗特色小吃项目，现已有杏皮茶、甘肃清汤羊肉、狼牙土豆、秘制火熏鱼、乞丐酱驴、新疆大肉串等。

关中民俗特色小吃：主要是具有关中民俗特色小吃项目，主营瓢饸、辣子疙瘩、粉汤羊血、茯茶鸡、炒葫芦头、礼泉烙面等。

茯茶小镇的特色餐饮店

多业态共存：实现多业态互补共存，形成热闹繁荣的氛围，在不与园区现有业态冲突的前提下，计划利用园区茅草屋展开流动摊点招商工作，例如：高仿兽皮、艺术摆件、古玩、民族首饰等。并持续加大在主题店铺方面的招商力度，例如：猪圈火锅、红卫兵餐厅、丝绸之路西域文化主题餐厅等，用品牌来提升园区形象和知名度。

4. 小结

茯茶小镇项目的成功建设，可以促进茯茶产业的健康发展，打造优质茶文化与慢生活的体验品牌，大大提升本地居民的收入和幸福感，推进城乡统筹和谐发展；实现了经济效益、社会效益和生态效益的统一，从而使其获得长期、可持续发展的动力。最终实现经济、社会、生态三大效益的协调共赢。

经济效益方面，首先大大节省政府进行景观改造的资金投入，以观赏型和经济型规模化景观式种植为主，提升了周边生态环境，同时节约田园都市的景观投入，实现绿化景观效果；其次实现了土地的有效利用和增值，对区域内土地的价值起到了绝对地提升作用，增强了区域整体辐射力和竞争力；再次投入资金是总体搬迁的十分之一，却极大地损害了经济效益。茯茶产业集聚和提升，将大大增加区域GDP投资，及相关衍生产业的投资，增加税收收入；建立交易中心，依托泾阳茯茶的需求优势，可以形成专业的茯茶产品集散交易中心；关中风情和茯茶文化体验旅游项目，每年前来小镇游玩的游客可以增加旅游税收。

社会效益方面，首先是解决"三农问题"，茯茶产业和旅游产业的发展可以解决农村剩余劳动力的问题，同时彻底改变农村的人居环境，达到促进小城镇建设的健康发展，最后带动农业及相关产业的结构调整，实现土地增收增效；其次是产业的集聚和延伸，茯茶产业可以带动投资规模，改变周边产业结构，带动相关产业的大力发展，最终达到土地的增收增效；同时茯茶产业的兴起可以带动周边运输业、物流业等产业的快速发展，新建的度假酒店、茯茶风情小街、茯茶博物馆等可以达到聚集人气、拉动消费、催生商机等功能。

生态效益方面，首先是对水系的开发和利用，满足了人们的亲水体验的需求和迫切的改善生态环境的需求。通过对水系的重新塑造，可极大地改善项目场地的生态环境，为人们建造了一处宜人的休闲、游憩目的地。为了充分利用水系的景观价值，并结合项目内各种功能的需求，在基地内形成了一

条线性景观水系，联系基地内的各个功能组团。其次是产业带动和示范作用，茯茶小镇的发展将为中国农业和农村发展提供一种新的发展模式，在实现田园城市建设方面起到带动和示范作用。注重茯茶产业的深入研究，注重新产品研发和新生产模式的推广，使其始终站在中国茯茶产业的最前沿，在国内茯茶产业树立示范作用，引导中国茯茶产业的发展方向。

谨呈

茯茶小镇
建成后的盛景

品茯茶，追忆茶马古道
游小镇，领略丝路文化
挥乡愁，欢飨舌尖美食
叙乡情，感受邻里热忱
谋福祉，畅游五福佳园
享和乐，携成天伦之美
慢生活，参悟茶道意境

| 谨呈——茯茶小镇建成后的盛景 |

茯茶小镇极具地域特色的装饰

茯茶小镇亲水空间

茯茶小镇夜景

特色小镇建设的实践与启示

一、品茯茶，追忆茶马古道

"自古岭北不产茶，唯有泾阳出名茶"。茯砖茶产业在泾阳既是一个古老的又是一个新兴的历史传统产业。泾阳成为南茶西运加工转运的集散地始于汉、闻于唐、兴于宋、盛于明清时代。茯茶隶属六大茶类中的黑茶，属于后发酵茶，能够随时间的推移慢慢陈化、香醇。在黑茶类中，茯茶、藏茶、普洱等都一直主销边疆地区，所以也被称为边销茶，但边销特征最明显的要数茯茶，它被称为"丝绸之路上的神秘之茶"。

茯茶的兴起与"丝绸之路""茶马古道"有着密不可分的联系，正是"茶马古道"的开辟，为陕西商人与茯茶的传播提供了土壤。茶马古道是丝绸之路上的主要路线之一，在中国有三条茶马古道，而由陕西人开辟的"陕康藏茶马古道"便是其中之一。

茯茶小镇的建设为茯茶的推广与宣传开启了一扇全新的窗口，小镇作为一个平台，让人们品尝茯茶，感受"茶马古道"的悠久历史文化，茶味与文化味道交相融合，为人们提供了一种新的体验方式。同时，茯茶小镇对于茯茶，可谓是新时代的"茶马古道"，茯茶在这里加工、发酵，茶艺在这里演绎、展示，健康在这里为人们所称道，品牌在这里诞生。可以说茯茶文化给小镇注入了灵魂，同时，小镇也成了茯茶新的生命载体，二者相得益彰。这便是小镇的第一魅力："品茯茶，追忆茶马古道"。

悠久的"茯茶"、历久弥新的"茯砖"，承载了太多的历史记忆，也蕴含了太多的历史文化。"茶马古道"这一名字被深深地铭刻在"茯砖茶"上，茯茶已经成为一种丝路文化的载体，在新的时代，具有不可替代的文化价值。

小镇规划建设的"茯茗阁"与"茶香廊"，古色古香，清爽的店面与充满茶道气息的金属茶壶、传统炉灶结合在一起，形成了一种别有生趣的"茶艺"空间，一方面体现小镇特色，让茯茶弥漫在小镇的各个角落；另一方面也为游人提供一处消疲解渴、保健养生的好去处。

特色茶馆、茶楼的相继营业，为宣扬茯茶文化、推广茯茶品牌、展示小镇产业提供了有利平台；对丰富小镇业态、满足游人消费需求提供了有力保障。

谨呈——茯茶小镇建成后的盛景

茯茶小镇"茯茶姑娘"选秀活动——展示茶道

茯茶小镇请游客免费品尝茯茶活动——宣扬茯茶文化

茶神祠

特色小镇建设的实践与启示

茶神祠的建设，并非迷信，它为小镇带来一种人文气息，荀子说"君子以为文，小人以为神"，正是这个道理。茶神祠，是我们为茯茶小镇人文空间的塑造所建起的一个物质空间载体。它承载了中国悠久的茶文化，也承载了茯茶小镇的茯茶文化，更多的是让人们通过它来了解中国茶文化，了解我们的茯茶。可以说，是从文化与信仰方面，为茯茶找到一种归宿，这是我们的"茯茶梦"。

茯茶小镇的游客熙熙攘攘，不管每个人的目的为何，但是大家都愿意来品尝一杯我们的茯茶，感受我们的文化，追忆我们的历史。这便是文化融入生活，精神融入市井的一种体现。

茶文化需要传播，仅仅依靠文字是不够的，我们需要一种深入人心的外在表现。中国茶文化博大精深，茶艺便是其中一种。每个人都需要静下心来的那一刻，都能够在茶艺师的举手投足中找到茶文化的真谛，这便是茯茶小镇茶艺师的贡献。

二、游小镇，领略丝路文化

茶马古道，丝绸之路，这些都是茯茶小镇铭刻着的不可磨灭的印记，也是小镇背负着的文化烙印。丝绸之路，一个充满想象与憧憬的文化之路，一个个伟大的名字值得我们铭记，张骞、法显、玄奘……西行之路，不仅仅是促进了物质的交易与贸易，更是对文化的交流与融合做出了不可磨灭的贡献。

习近平总书记在乌兹别克斯坦访问时曾说："那里是西安，丝绸之路的起点，也是我的故乡。"因此，作为丝路之源点，作为西咸新区、泾河新城之特色小镇，对丝路文化的挖掘与展示更是理所应当。更何况，茯茶与丝绸之路本身就极有渊源。

一座座驿站，留住了小镇的丝路文化记忆；一座座雕塑，唤醒了小镇的丝路荣光。仿佛历史上的那些人物、曾经的驼铃、那背满茯茶的包袱都好似活了起来，供今天的人们缅怀与纪念，这便是文化景观的魅力吧。文化景观就是那么的长久，能够勾起人们内心深处的记忆，发起内心思古的幽情，往往令人百看不厌，每次茯茶小镇都能够带给人们新的感受，都能够赋予新的文化内涵。"景与心会，物寓理涵"说的便是这个道理吧，这也是茯茶小镇建设者们希望达到的一种"游小镇，领略丝路文化"的情怀。

茶马古驿长廊

茶马古道雕塑

三、挥乡愁，欢飨舌尖美食

乡愁是什么？有人说乡愁就是故乡的那一抹山水，明快秀丽，能够给人一种情思；有人说，乡愁就是村口的那口老井，邻里乡亲，音容笑貌，尽在其中；有人说，乡愁就是妈妈的笑脸，虽满布皱纹，但是却温暖异常；有人还说，乡愁是除夕的那一杯老酒，醇厚且斟满亲情……

乡愁有很多种，舌尖上的乡愁便是其中重要的一种。味觉是重要的且给人印象最为深刻的一种感觉，且与视觉不同，味觉无法想象，无法重演，只能回味与体会。

茯茶小镇邀大家"挥乡愁，欢飨舌尖美食"，便是在演绎"舌尖上的乡愁"，无论是凉皮、饸子、麻花、夹馍等特色小吃，还是烩菜、臊子面、麻食等美味主食，又或是像臭豆腐、重庆小面等享誉全国的名小吃，都能够在茯茶小镇，以最新鲜、最绿色的食材，以最干净卫生、最原生态的方式给大家烹饪出来，让味蕾经历一次乡愁的洗礼，让心情得到一次充分的释放。还有结合茯茶特色的茯茶酸奶、茯茶糕点等甜食，又能够让人们有一种新的舌尖体验。

美食的容器、美食的包装、美食的就餐过程，其实都存在创意。在茯茶小镇，除了能够享受到关中及全国各地的名优小吃以外。小镇的美食从业者每天都在进行着创新，让来到茯茶小镇的人们每次来都能够有新的美食体

热闹的茯茶小镇

茯茶小镇创意小吃街

茯茶小镇特色小吃——关中大烩菜

验。可以说,茯苓小镇的美食从业者,真正践行了"大众创业,万众创新"的理念。

四、叙乡情,感受邻里热忱

一方水土,养育一方人。本乡本土的乡情,是人们最不愿意失去的,也是人们最珍惜的。由于茯茶小镇在建设过程中,坚持"不拆房,不占地,就地安置"的安民模式,让原来双赵村的村民都能够共享特色小镇发展的果实,都能够参与其中,亲手建设自己的家园。

因此,茯茶小镇与其他古镇不同:这里的乡亲,都是土生土长的乡亲;这里的乡情,是没有表演成分的真实的乡情;这里的邻里,都是上百年守土传承下来的老邻居。小镇上的创业从业者,绝大部分都是本地的老百姓,他们不仅是生产者与创业者,他们之间的那种原生态的邻里情也是我们小镇文化的重要组成部分。这是不可复制的,也是难以模拟的。来到茯茶小镇,人们除了可以享受乡土的美食,看到乡土的景观,同时还能够真正地感受到那一份纯真的乡土邻里情,这是一份难得的乡情,也是一份难得的热忱。

五、谋福祉,畅游五福佳园

"品茯茶,游福园,祈福报,抱福归",这是我们建设者对于游客的祝福,也是游客来茯茶小镇的额外收获。"茯"与"福"谐音,中国传统文化中,素有"五福"之称,因此我们通过对"五福"的提炼与提升,形成茯茶小镇的五福园:茯园、富园、福园、赋园、孵园。茯园主倡:茶之路,道之路,茶道相生;富园主倡:饮金花之茶香,品精神之福足;福园主倡:茯之魅力,福之美好;赋园主倡:品茯茶生活,享诗意生活,以曲水流觞、诗词歌赋、廊架轩榭等艺术形式集中展示茶文化之诗赋情趣;孵园主倡:追根溯源,千年寻根。

双赵村新面貌

并最终通过整体景观水系格局的巧妙搭配,形成一个完整的游览路线。让游客既能够饱览绿水清溪一派大好景观,又能够满足其口腹之欲,最重要的是还能够通过五福园的游览,提升旅游心理获得感,祈福、抱福。也就是我们想要的"谋福祉,畅游五福佳园"的愿景。

六、享和乐,携成天伦之美

现代城市的发展,商品房的推广,现代城市人的居住生活方式与原来的乡土生活方式发生了翻天覆地的变化。城市居民的休闲方式也越来越单一化,特别是城市数世同堂,祖辈、父辈、孙辈在城市中相聚甚少,也缺乏相应的空间与场所。亲子空间的缺乏也导致现代城市生活中几辈人之间的代沟

特色小镇建设的实践与启示

茯茶小镇"五福园"

茯茶小镇"五福园"鸟瞰图

茯茶小镇"五福园"夜景

的出现，亲情也无法得到良好的沟通。特别是现代城市儿童的教育问题，由于现代城市儿童更多的是进行知识教育，缺乏相对应的综合素质教育，经常谷物不分，植物不分，甚至会产生诸多常识性的错误，这也从一个方面说明了现代儿童的教育问题。

茯茶小镇的建设，给广大城市居民提供了一个家庭集会出游的场地，小镇中各色植物与农作物的种植设计，为儿童提供了一个户外体验与认知学习的场所，同时也为广大市民提供了一个亲子空间。在茯茶小镇中，我们经常可以看到很多游客，提家携口，三代人和和美美，共同出游，这也是我们提倡的一种全新的都市旅游休闲模式，即："享和乐，携成天伦之美"。

茯茶小镇童趣景观雕塑

七、慢生活，参悟茶道意境

现代城市生活节奏越来越快，城市人的生活节奏也越来越紧凑，人们越来越缺乏一种能够让人静下心来，让生活慢下来的空间。茶，便是这么一种能够让人静心体悟的物质。茶是茯茶小镇的特色，茯茶小镇利用茯茶营造这

特色小镇建设的实践与启示

茯茶小镇各类型游客

么一种"慢生活"空间,让来到茯茶小镇的人们能够在茯茶的醇厚味道中,在淡淡茶香中,静下自己的心灵,感受这份茶道意境,体验"慢生活"的生活意趣。

在茯茶小镇,有茶艺表演、茶道体验,还有茯韵戏台,各种茶点。在茯茶小镇能够让你充分享受生活中原来就有的这么一份悠闲;能够让游人暂时卸下城市中的包袱,淡定从容地感受这份乡土和意境。

这便是我们茯茶小镇提倡的"慢生活,参悟茶道意境"。

茯韵戏台品茶

静悟

茯茶小镇的品牌经营

静悟空有，同观贞俗。
——南朝［梁］王僧孺《礼佛倡导发愿文》

一、"文心匠意"——构建茯茶小镇核心理念

1. 田园城市——新常态下的城市发展观

我国的城市自改革开放至今，历经了20多年的快速发展，在城市规划理念及建设方式上向西方国家借鉴了许多先进的经验，这也使得我国现代城市的发展与20世纪60年代西方国家城市快速发展时期有着众多的相似之处，自然也会遇到很多共性的问题。除此之外，在新技术大力发展的背景下，我国城市发展还面临着一些新的挑战：一方面是由于我国城市有着悠久的历史背景，丰厚的文化积淀；另一方面，现代科技的发展所能提供的技术支持，使得城市建设速度远高于过去20世纪60年代的西方国家，如果不能正确树立城市建设的目标，准确把握城市建设的方向，我国城市的发展前景将不容乐观。

纵观城市的发展历史，结合近现代城市规划理念，可以将城市在不同时期的发展形态分为三代：工业城市—高新区城市—田园城市。

第一代城市，工业城市（1949年10月至改革开放初期）：就是以功能性为主导，注重城市的经济属性，积极提高生产力，以城市快速发展为首要目标。比如工厂、制造厂就建设在城市中心，一切以便利的生产、运输为主要目标。整个城市运转高效，物产丰富，交通便利。

然而，随着城市经济的高速发展，社会物质财富日益丰富，人口规模快速膨胀，工业及各类产业园区在城市中大规模扩张，用地规模也在不断升高，侵占农田成为土地扩张的必然选择，生态环境遭到破坏。固然，生产力水平的提高满足了人们日益增长的物质需求，但同时也加剧了人们追逐财富

解放初期的上海

特色小镇建设的实践与启示

的欲望,最终导致经济功能主导了现代城市的发展。不可否认生产力的极大发展的确带来了新技术、新理念,改善了城市的环境,但对经济效益的无限度追逐却也在一定程度上破坏了城市环境。

第二代城市,高新区、摊大饼的发展模式(改革开放至今):改革开放以来,城市进入高速发展时期,城市的无序扩张不再仅仅是为了工业园区的扩建,大批的商品房开始建设,房地产行业兴起,城市进入以高新区、摊大饼式的发展为主导的快速城市化模式。而这正是我们现在所处的城市发展阶段,人们已经意识到了一味追求经济利益最大化而无限制发展工业给城市环境带来了极大的危害,工业区正在被逐步迁出城市中心区,取而代之的是大片的住宅区。全国各地都开始大量商品房建设,房地产行业成为城市经济的新支柱。城市的扩张变成由商品房建设主导,虽然不像工业对城市造成生态环境的破坏,但大量的商品房缺乏针对性的规划设计,城市变得"千城一面",缺少交往空间,缺乏人文关怀。

第三代城市,田园城市(未来的城市):基于霍华德提出的"田园城

第二代城市深圳

"田园城市"西咸新区构想

市"理论,现代的田园城市正是为解决目前城市所面对的问题而产生的,能够依据自然、资源、环境特点,优化城市的空间结构,各级组团围绕城市绿地紧凑布局,形成规模适度、功能健全、分工合理、合作紧密、相互依赖、城乡和谐的组团城市(吴瑞凯,《现代田园城市建设实证研究》)。田园城市强调人与自然的和谐共生,实现经济、社会、资源、生态、环境多种因素协调发展,并且注重"以人为本"的思想,将以追求经济效益为最大目标转变为实现社会效益、经济效益、生态效益最大化为目标。举个身边的例子,如果城市的重要建筑周边布满绿化,像是在钟楼的周边用绿地将其围合,现代化的设施与绿地融合,那么这片用地就会成为城市的"宝地"。当然,这种作法不一定完全合理,但这体现了一种追求人与自然和谐发展,考虑人文关怀的理念。田园城市的发展以满足人们的物质生活和精神生活双重需求,并且以解决城市问题为主要目标。

2. "根、孝、静、合"——朴素的住宅设计观

依据三代城市的不同特点,与城市发展相对应的也有三种居住建筑的模式。第一代工业城市中,居住建筑大都以工厂等大型园区的配套职工宿舍式的住宅为主。

这样的居住建筑没有什么品质可言，仅仅是有了最基本的住宅功能。随着城市的发展，在第二代城市中商品房成了居住建筑最普遍的模式。相较之前而言，这样的住宅具有了一定的居住环境，人们也在反思之前的建设，开始探索未来居住建筑的理想模式。

在第三代田园城市中，特色小镇就是未来的理想模式。通过前面对不同时期三代城市发展历程的梳理，得出城市目前存在的一些共性的问题，综合田园城市的载体特色小镇的建设理念可以得出，未来的住宅应该强调四个字"根""孝""静""合"。

茯茶小镇本土文化空间

第一要有"根"：随着城市发展对乡村空间的过度侵蚀，生活在村落的原住民归属感越来越少。城市对乡村的侵蚀不仅仅是占用土地，更是带来了现代化、新的生活方式。城市文化的强势入侵对一直围绕在淳朴、祥和、安定氛围之中的乡村带来了冲击。在设计时应该注重保护本土文化，延续历史文脉，唤醒深植于乡村的家族观念与情感。加强乡村人居环境浓厚的家园感，住宅中有感情的传递，让人们能扎根于此，看到自己的家族就在这里生活，这样的房子是值得传承下去的，这不仅是一种物质财富，更传承了一种精神财富。

茯茶小镇牌坊

第二要有"孝":"孝"的空间营造是以关注人的内在需求为主,注重对人性情的陶冶,增加对人性的关怀,以此来解决现代城市规划缺乏精神空间的通病。同时也是"以人为本"思想的体现,以人的活动作为衡量空间尺度的标尺。举例来说,在一个乡村里,不一定每一家的住宅里都设有书房,但一定要有牌坊,这是精神、信仰需求的空间,让孩子在这样的文化空间中成长。牌坊、雕刻、匾额等具有教化的功能,通过匾额、雕刻、壁画等阐述了人伦纲常,起到了教化育人的作用。

第三要有"静":住宅空间的设计中还要注意"动静结合"。为人们创造幸福、安全的居住环境的同时,也要为人们创造交往空间。在满足人们日常基本生活所需的同时,尽可能地创造更多方便的交往机会,并且在设计时要注意与居住空间的即会融合,交往空间应具有宜人的尺度感,富有人情味。开放空间与人们的生活有着密不可分的联系,是重要的文化活动场所。

第四是"合":城市的快速发展使得生态遭到破坏,环境污染严重,故注重与自然环境的和谐是必须遵守的原则之一。从古至今,我国的传统文化中一直都有对自然的热爱,人们愿意亲近自然山水,与生俱来就有对自然融合的愿望。然而,对经济利益的无限度追逐让人们忽视了与自然环境的有机融合。未来的住宅需要充分与自然融合,巧借自然之利而进行人工环境的创造,增添自然之趣的同时又陶冶自己的情操。这里提到的与自然融合是与植物"合",与动物"合",还有水和空气,未来的住宅应该有美丽舒服的景观、饲养动物的空间、有充足的阳光……自然与人文统一，自然与人文平衡。

3. "安民善政"——务实的特色小镇建设观

茯茶小镇是特色小镇的一个建设实例，延续原有的乡村生活模式，强调以生态环境保护为核心原则。

（1）建设模式

特色鲜明：茯茶小镇有别于城市组团的风貌特色，形成了温馨、平静、惬意的田园生活氛围。同时，茯茶文化及其相关产品更是其他小镇无法替代的标志。

应美景而建：茯茶小镇离城市组团有一定的距离，点缀在田园区中，靠近优美的自然环境和农业景观区，从而形成了极具风格的特色小镇。

原住民房屋改建

（2）原地安置理念

原住居民是传承历史文化的重要载体，而历史文化遗产的传承延续，需要有一定的载体。不论是建筑还是文化，是静态的、无声的，还是动态的、灵动的都需要传承载体。而乡村中的原住居民，就是传承本地文化的最重要的载体，是生动的、可再生性的载体。

原住居民群体身上传承着历史积淀下来的传统生活方式和民俗风情,只有从原住居民随意自然的生活中,才能找到原汁原味的、代表该地区地域特色的历史风味;只有从原住居民长年延续的民风习俗、节庆活动中,才能发现本地区的文化积淀。如果只强调"整旧如旧"的方式,忽视文化是有生命的活着的东西,这是片面的。故在茯茶小镇的建设中,原则上"保留宅基地不动"一直是最基本的开发原则。只有保留了原住民的生活空间,留住原住民,才能留住本地文化。毫不过分地说,要把宅基地看作是伟人住过的地方,就像保护文物一样保护宅基地,在宅基地上创造发展致富。保护宅基地是本次规划的核心理念之一,甚至连一颗死树都要保护好,它也是一种资产,一种记忆。保护案例并不是拆除旧建筑,建设新房子,而是在宅基地本身之上进行保护。同时还采取了一系列的方法吸引那些外出打工的原住民回归,重现本地的活力。此外还要运用一系列有效的激励手段,鼓励引导原住民直接从事生产经营,通过自己的参与行为直接获得经济收益,激励原住民保护和合理利用资源。要创造充分的条件让当地原住民参与到景区的经营过程之中,重视原住民的能动性,寻求有效的途径实现旅游发展与乡村发展的同步性。

健全的基础设施造就茯茶小镇美丽夜景

（3）健全基础设施，完善市政服务

建设特色小镇，首先是运用关中传统民居建筑风格并结合现代手法进行整村提升改造，对村中民居进行改造，赋予传统坡屋顶等外立面统一的风格，并进行商业性改造提升。同时，通过道路管网、景观绿化和水系照明等基础配套改造，一改杂乱无章的农村旧貌，大幅提升当地村民的生活品质。健全的基础设施是小镇发展的基础，在整个小镇的建设中十分重要。茯茶小镇在建设之初就开始着手把地下管网打通，接入"九通一平"，修整道路，水、电、地下管网，改造旱厕为水厕等，采暖也是后期要考虑的问题。怎么融入，小镇的发展要让村民切实感受到生活环境的改善，物质与精神生活的双重提升。未来这里将以茯茶为灵魂，以文化为依托，打造丝绸之路经济带上的一个集茯茶文化、关中民俗文化、丝路文化于一体的田园特色小镇。

（4）茯茶文化的延续与发扬

在中国乃至世界的发展史中，茶以其自身独特的自然功效和文化内涵，产生了深厚的影响。而陕南产茶区也是中国古老的茶区之一，产茶的历史十分悠久，茶文化底蕴深厚，是组成中国茶文化所不可或缺的部分。茶已经不仅作为一种饮品，而具有更加丰富的文化内涵，饮茶也不仅只是物质上的享受，更是精神上的熏陶。同时，发展茶业不仅可获得丰厚的经济效益，而且可以取得巨大的生态效益，这对于可持续发展、建设生态文明、发展低碳经济都具有十分重要的意义。可是，在人们的普遍认知中，云贵高原是茶的原产地，西南、东南是中国的主要产茶区。虽然茯茶的历史文化悠久，但在国内却盛名不高，缺少一个叫得响的著名品牌。自从建设了茯茶小镇后，整个茯茶产业都得到了大幅度提升，茯茶文化也受到了众人瞩目，但这还远没有达到最先设定的目标，一定要让茯茶达到高档品质，能与普洱茶同名，形成"南有普洱，北有茯茶小镇"的盛誉。

4. 以人为本——核心的规划建设价值观

我国城市有着丰厚的历史资源，但一些由于缺乏规划而肆意的建设行为导致了城市人居环境的恶化，人们的交往空间被压缩，精神文化活动被迫减少。在工业文明下，经济效益的地位无比重要，文化环境遭遇了巨大的危

发扬茯茶文化

机。人们精神信仰的缺失，使得城市规划中对精神空间的营造也显得不值一提，这实际上是无视了人们的精神需求，这样的规划设计不可能充满活力、富有人情味。

人是城市生活的主体，城市为人们的生活、交往提供空间场所，所以关注人的需求理所应当是城市规划的出发点。我国的传统文化一直都是以讨论"人生""人生价值及意义"为核心内容，城市的建设为了满足人们的信仰需求而建立了精神空间，城市空间的建设应该以人的活动作为衡量空间尺度的标准，尊重市民切身利益的规划建设才是城市规划和城市建设的正确发展方向。同时，如果以人为本的核心理念是只把当代人纳入考虑，那么这是短暂的以人为本，而非为后代考虑的以人为本，是不可持续的。

同时城市建设应倡导尊重自然，注重与自然环境的和谐。随着城市的快速发展，城市的生态环境遭受到了巨大的破坏，生态危机频发，各个国家都在积极倡导生态文明的建设，而尊重自然，与自然和谐共生成为城市建设的一条基本准则。为了追求经济利益，肆意掠取自然资源、城市盲目扩张等野蛮作法需要被制止。城市不应与自然分割，在城市中心应建设完善的绿地系统，与城市周边的自然山水环境一起构建完整的生态网络，形成良好的城市山水格局。对现代城市而言，保护生态环境不仅是城市建设的重要原则之一，更是人类可持续发展的基础。

与自然环境和谐的茯茶小镇

5. 创意产业——积极的产业发展观

（1）微缩景观小菜地

现代人追求更加健康、有品质的生活，要喝最洁净的水，吸最干净的空气，吃最好的有机食品，这也应该是未来人们的生活写实。"景观小菜地"的构想是种植无公害纯天然的蔬菜，然后在售卖时标注每一样蔬菜，让消费者可以清楚明晰地知道菜的来源地。

（2）活体博物馆

活体博物馆不同于现在比较常见的由政府部门出资建设的、公益性质的博物馆。通常意义上的博物馆是一个为社会及其发展服务的、非营利的永久性机构，并向大众开放的；是集研究、教育、观赏等多种目的为一体的，征

茯茶小镇的景观微缩小菜地

集、保护、研究、传播并展出人类及人类环境的物证。但这样的博物馆是静态的，只能供人观赏而没有参与其中，同时，传统的博物馆往往入不敷出，需要国家长期资金资助。我们要建设的博物馆不仅要自给自足，还要传授民间文化，贴近乡土文化，要融入接地气的文化，让参观者看到后更真切的感受生活氛围。活体博物馆不仅有展示实物的功能，将制作工艺、制作流程嵌入其中，让参观者们切身体验到展出物的加工过程。

活体博物馆的类型丰富多样，是以民俗景观为核心，开展可参与的现代体验式游憩。在继承传统保留文化底蕴的基础上，寻找创造与时代同步发展的途径。

比如茯茶博物馆：博物馆内可以划分茶文化历史实物、品茶、茶文化、茶艺等不同的展示区。将茯茶从历史、形成、制作、品质等分类进行展示，包括茯茶名称的由来、茯茶历史文化，以及民间传说、营养价值和保健养生、菜肴、怎样品饮等知识的介绍；展示区所有跟茶有关的文物都是对当时茶文化的实物再现，可以使游客直观地了解茶文化及其历史，并借助现代美术、光影、音乐、雕像等技术手段，激发游客进一步感受和体验茶文化的兴趣。同时茯茶博物馆周围还有一些配套服务场所，整个区域集品茶、休闲、度假、观景、养生、教育、学习为一体。

特色小镇建设的实践与启示

茯茶博物馆

（3）创意小吃

作为旅游开发项目，让游客了解、接受当地风情最好的方法之一就是当地的饮食。

茯茶小镇创意小吃的想法就是吸收了关中地区的饮食文化，提取关中饮食文化的精华，并加以茯茶小镇的地域特色而产生。除了食物种类外还有相应的礼仪及仪式，还有餐具及餐馆的装修风格等都是创意小吃所要展示的饮食文化。

茯茶小镇创意小吃

（4）茶窖

茯茶文化需要打造一个标志性产品——茶窖，要做成像葡萄酒酒窖似的产品，从中国传到世界各地，这才是茯茶文化精髓所在。能够建立茯茶文化强势品牌的市场地位，致力于目标市场来进行品牌的建设、推广，最终形成面向国际的、强势的茯茶国际品牌。

6. 宜业宜居——精明的特色小镇营造观

田园城市的载体就是特色小镇，就是打开院墙的、开放式的特色小镇。特色小镇是指能够延续原有的乡村生活模式的同时，以文化旅游、关中民俗、田园风情和滨水休憩等为特色作为产业支撑，建设现代生态田园小镇，打造一批极具中国特色的新时代下的新型城镇化范例。田园城市模式下的特色小镇，其特征可以概括为"美丽""特色"和"绿色"。"美丽"首先是指景色优美，生态美，生活美；"特色"是指小镇要具备个性，有地域特征、乡土文化，注重历史传统的延续；"绿色"是指小镇是以可持续发展为前提，以资源节约、环境友好为建设目标。

通过分析可以得出，特色小镇的内涵其实就是"宜居宜业"。本地区的经济、社会、文化、环境协调发展，人居环境良好，能够满足原住民物质和精神生活的双重需求，适宜居住生活的同时还可以从事各种经济活动。更具体地说就是，特色小镇之中既有一二三产业融合，又有养老、旅游等特性。可以经营特色小吃、特色超市，还有可以传承下去的手工艺。举个易懂的例子来说，镇上的原住民家庭中的老人可以住在一楼方便生活，二楼住夫妻俩，三楼可以住孩子，居民不仅可以生活还可以经营产业。可以说这样的房子不仅有居住功能，还有一二三产业的功能。

建设特色小镇，梳理小镇品牌，需要有准确的定位功能，开发自身鲜明的特色。同时，更要关注自然生态的大环境，注重历史、文化的保留与延续，建筑作为小镇空间的重要构成要素，设计时应遵守以下四点基本原则：一是，建筑与植物紧密融合；二是，建筑与生物紧密融合；三是，建筑周围有亲水空间；四是，清新空气的保障。现在的城市里到处充斥着钢筋混凝土，城市缺乏生气及活力，未来的建筑应该是因地制宜的选取建筑材料，可

与自然生态和谐共生的茯茶小镇

以向日本等国家学习更多木制材料的使用，更为环保，有利于可持续的发展的同时使得建筑本身也更加有生命力。

7．"不要高大上，不要白富美，只要灰姑娘！"——淳朴的人居环境乡土观

茯茶小镇的规划建设充分融入了茯茶文化、关中民俗文化、关中生活文化的元素和概念，风格古朴、有历史内涵。现代城市总是给人以疏离感，生活在钢筋水泥的建筑高楼之中，人们往往觉得这样的生活缺乏生气，枯燥苦闷。在追求以人为本的设计理念中，探索对人的终极关怀，在设计之中让人感到归属感是决定设计成败的重要因素。归属感到底从何而来？自然是从我们的家园、故土之中而来，从亲切而又熟悉的乡土风格、地域特色之中体现。茯茶小镇就是要让久居城市之中的人们找回失落已久的乡情，让人们体会到充满生活气息的乡土风情，同时集聚关中地方特色。有什么样的价值观，就会决定人们用什么样的态度来对待乡土文化。因此，首先要改变拜金、俱权、非农的建筑价值观。作为一名设计师、建造者有责任从保护地域特色的角度出发，解读乡土文化，做出具有乡土特色的作品来。

茯茶小镇的乡土文化

我们的作品一定要接地气，和老百姓拉近距离。故在设计之中努力做到以下四点：

①延续文脉、保存有乡土特色的本土化风格

作为特色小镇的建设典型案例，茯茶小镇应走具有特色的本土化道路。对乡土文化的保护重点从完善基础设施配套、提高环境质量入手，维持原有的街巷格局与建筑风貌，维持原有的乡村社会生活形态。

②多元文化的整合

面对全球化浪潮下强势文化的侵袭，我们应推动自身民族文化的复兴。建筑形式的意义来源于地方文脉，并解释着地方文脉，仅靠表层的感觉、感观的体验来打动人的建筑，必将成为过眼云烟，一去不返。在建设时，既要全面继承优秀的传统文化，又要吸取来自各方的文化精华，整合到本土的文化中来，使传统文化得到升华，并且就关中文化而言也不仅仅是北方文化，关中文化本身就是对各地文化的融合。

③加强文化保护意识，切实做好调查、规划和保护工作

就如前面提到的，甚至是一棵死去的古树我们也要保留，它也反映着

当时的一种生活环境。对原住民的房屋更是要保护而非拆除，只有保存了这些具有生活气息的街巷、物品，才是一个鲜活有生命力，可持续发展的特色小镇。

④积极挖掘和传承传统文化，推进乡村文化建设发挥新的作用

在建设中，还要善于挖掘、整理乡村蕴含着的丰富的人文精神和文化内涵，注重对乡村人文生态的保护和利用，以便更好地发挥民间传统文化在乡村文化建设中的作用。

从设计之初，茯茶小镇就不仅仅是茶文化的聚集地，更承载着生活的味道，接地气的味道。在建设之中我们不追求奢华、富丽的建筑风格，用简朴、有地域特色的建筑风格充实人们的内心，追求民间至真至纯的文化，为人们寻回家园感。

8. 工匠精神——执着的产品传承观

目前，大量的茯茶生产都是农民自己加工生产，没有达到现代食品卫生工艺的要求。

要将茯茶的质量水平不断提升，检验手段也要日益增强。关注茯茶产地的环境条件，提高茯茶的生产、加工技术，改良产品标准、感观评审等标准，为茯茶这一历史品牌走向国际提供有力的市场保证和法律保障。茯茶小镇今后做出的茯茶在包装上要标示采摘地、采摘人、加工人等每一个环节的负责人，恢复我国传统的工匠精神。工匠精神就是指工匠对自己的产品精雕细琢，精益求精的精神理念。工匠们喜欢不断雕琢自己的产品，不断改善自己的工艺，享受着产品在双手中升华的过程。工匠们对细节有很高要求，追求完美和极致，对精品有着执着地坚持和追求，把品质从99%提高到99.99%，其利虽微，却长久造福于世。

工匠精神内涵：

精益求精。注重细节，追求完美和极致，不惜花费时间精力，孜孜不倦，反复改进产品，把99%提高到99.99%。

严谨，一丝不苟。不投机取巧，必须确保每个部件的质量，对产品采取严格的检测标准，不达要求绝不轻易交货。

耐心，专注，坚持。不断提升产品和服务。因为真正的工匠在专业领域上绝对不会停止追求进步，无论是使用的材料、设计还是生产流程，都在不断完善。

专业，敬业。工匠精神的目标是打造本行业最优质、其他同行无法匹敌的卓越的产品。

传授手艺的同时，也传递了耐心、专注、坚持的精神，这是一切手工匠人所必须具备的特质。这种特质的培养，只能依赖于人与人的情感交流和行为感染，这是现代大工业组织制度与操作流程无法承载的。"工匠精神"的传承，依靠言传身教地自然传承，无法以文字记录，以程序指引，它体现了旧时代师徒制度与家族传承的历史价值。

茯茶制作工作的外界环境变化太大，无法单纯地遵循一些规则。他们必须经常思考，挑战自己的智慧，强烈的工匠精神促使他们自愿把事情做好，茯茶茶品正是需要这样一种精神来提高整个工艺的品质。

茯茶工艺的提高

特色小镇建设的实践与启示

茯茶小镇大众创业

9. 一等平台——宏阔的平台大局观

　　李克强总理在2015年政府工作报告中指出，要使大众创业、万众创新和增加公共产品公共服务成为推动中国经济发展调速不减势、量增质更优，实现中国经济提质增效升级的"双引擎"。茯茶小镇不仅仅是作为一个产业、公司而建设的，它为每一个想要创业的大学生提供创业的基地，为每一户农民提供了经营商户的机会。茯茶小镇是一个大平台，借着改革创新的"东风"，为所有想要创业的人们提供机遇，推动大众创业、万众创新，为该地区经济持续健康稳定发展提供有力支撑。随着小镇的发展，后续我们需要着重考虑这个"平台"如何推广，如何进一步管理好，吸取各方对"平台"建设的意见，最终能将"平台"由实体化做到虚拟化，打造成一个品牌，成为行业典范。

10. "动物住宅"——贴心的养老服务观

　　建设动物住宅的想法是从人类住宅延伸出来的，人类在地球上都有商品房，那么同样作为生物的动物就不能有么？这个理念就是考虑了为动物建造房子，但实际上也是考虑了未来的市场。现代社会的老龄化形势严峻，老人越来越多，而年轻人面对的各种压力，正在打拼的年轻人陪伴老人的时间有限。当孩子们长大后离开了老人，老人们的生活就会非常孤单，而动物的陪伴成为很多老人的选择。需要动物，让动物融入人们的生活，成为一种普遍

静悟——茯茶小镇的品牌经营

茯茶小镇动物居住空间

茯茶小镇提供与动物亲近的空间

的生活习惯,所以,为动物修建房子也就成为趋势。想要发展养老地产业,了解老年人的内心需求是第一位的,为老人们的情感找到寄托,弥补空巢老人的寂寞,是养老地产的核心理念。动物住宅的提出正是以老人的情感需求为核心,构建和谐的老年生活。

二、特色小镇建设的要素

特色小镇的建设,不仅可以改善当地的人居环境,带动经济的快速发展,而且能够对整个地区的发展甚至是上一级城市的发展起到一定的促进作用。茯茶小镇从成千上万个小城镇中脱颖而出,成为优秀的特色小镇建设的典型案例,是非常不容易的,这当中倾注了所有工作者的心血。结合茯茶小镇建设的实践,我们总结了在小镇建设工作中,必须要重视的四大基本要素:产业、文脉、生态和功能。

1. 产业是小镇发展的支撑

随着整个社会经济的发展,农村经济也得到了长足的发展,小城镇自然

茯茶小镇繁荣的产业

而然也走向繁荣之路。需要重视的是，要引导小城镇的长远发展，就必需要确定有其发展的主导产业。不论是小城镇建设还是打造特色小镇，产业都是不可替代的支柱。

根据城镇的发展过程和区域条件的不同，产业结构也会有很大的不同，如工业重镇、商贸集镇、交通枢纽型城镇、物资集散型城镇等。以旅游作为主导产业的特色小镇建设而言，也存在一个准确定位的问题。是人文名镇还是风光小城？是现代化的休闲度假地，还是古朴的原生态小镇？是以民族文化为特色，还是以发展会展旅游起家？旅游是一个综合性产业，旅游相关产业的发展是什么？是旅游特产的生产和销售？是旅游文化产品的输出？是以旅游带动的交通业？还是旅游相关的服务业？我们这个小镇的资源是什么？特色在哪里？有哪些有利和不利的条件？确定产业主打之后，建设必须根据已经形成的产业结构，因势利导，发展优势产业，使产业发展和小城镇建设能够互相推动互相促进。

从经济角度看，尽管产业单一是小城镇发展中比较普遍的现象，但是如果过分单一化的发展旅游业，会在一定程度上影响小城镇的总体经济效益。或者说，旅游型小城镇不应该单纯地追求旅游业在经济中的高比重。在发展思路上，对于发展旅游业已经有相对基础的小城镇，要在保护环境的前提下，依托旅游业，有选择地发展新兴产业，推动产业之间的融合发展。对于工业等其他产业比较发达的小城镇，不但拥有丰富的旅游资源，旅游发展潜力大的地区，要注意把旅游业作为连接产业予以重点培育，以优化产业结构、实现产业协调发展为目标。

2. 文化是特色小镇发展的灵魂

中国传统村镇承载着华夏物质文明和精神文明，同时也凝聚着中华民族的伟大智慧和辉煌的创造力。在建设特色小镇的过程中，充分融合传统与现代风格，使有生命力的中华民族传统文化继续发扬光大，这也十分有利于保持民族性和地域性。文脉是历史的延续，许许多多的历史文化都遗留在广大的农村和集镇之中，这些散布于民间的历史文化遗存，是我国宝贵的历史文化宝藏，是社会文明的源头所在。在特色小镇的建设时，应当充分挖掘这些宝藏，让它们流传下去，并能发扬光大。

国际社会对小城镇的历史文脉的保护给予了极大的关注。任何一个城镇的历史，都是人类历史的一部分，都是全社会和全人类的精神财富。在进行小城镇建设的时候，只有保护和延续这些文脉的责任，而没有破坏和中断它们的权利。

文脉是由多方面组成的：传统和具有特色的建筑，街道街区的格局和风貌，见证过历史事件和人物的场所、建筑和其他物体，例如树木、巨石、各种具有鲜明特色的风土人情的载体……这些文脉载体，即使已经是断墙残垣，已经破败和不完整，仍然可以通过合理的手段，让它们化腐朽为神奇，发出诱人的光辉。在茯茶小镇的建设过程中，就连一棵死去的古树，也要得到保护，因为它不仅仅是植物、生态的代表，更是生动、鲜活、真实地再现了整个茯茶小镇的乡村生活。

此外，还应当特别注重那些"由于时光流逝而获得文化意义的过去认为不重要的作品"，这就要求以历史的眼光审视老旧建筑的一切方面，谨慎地做好老旧建筑改造的规划，把那些可能会有历史价值的因素发掘出来、保存起来。

茯茶小镇民俗文化雕塑

除了可见的建筑、道路、文物等保护之外，无形的民间文化遗产也应当予以保留。如空心泥人、年画等这些民间技艺民俗文化，当地的节庆活动、民间表演、人们口口相传的民间故事等都是城镇文脉的传承，农村的民间文化散落不易整理和保护，一个小城镇往往还承担着一个地区文脉传承的责任。在乡村，民间信仰是民俗的重要组成部分。民间信仰经过长期延续，日益渗透到乡村文化生活中，逐渐演变成种种习俗。它以习俗的形式潜伏在人们的意识里，约束着社会的行为和人们的行事方式，同时又通过各种仪式空间体现出来，不断得到强化和巩固。民间信仰与习俗相结合，成为人们生产生活中必不可少的文化现象。由于民间信

| 静悟——茯茶小镇的品牌经营 |

仰的地区分化，地区甚至通过一系列仪式实现对村落领域的限定，在很大程度上表达了乡村成员的心理认同，从而完成了结构意义上的支撑。它通过独特的外在表现形式，使其宣扬的文化理念深入人心，形成根深蒂固的共同信仰和习惯，从而促成了族群的认同感和凝聚力的产生，并在与异文化的接触中，产生"自觉为我"的村落认同感，形成了清晰的村落边界。在功能上，民俗信仰通过"会"或"社"等组织形式，主管村落及地域范围内的日常生活与生产事宜，包括庙宇的修缮，庙产的组织管理，庙会、节庆活动乃至商业活动等，由单纯的民俗信仰承载体演化为服务于整个村落的社会活动组织管理机构，构成了村落的精神支撑。存留于关中地区村落的民俗信仰和仪式等行为是古时起就建立的信仰遗存，是人们的信仰观念、心理、情感、习

茯茶小镇民俗文化雕塑

俗、生活方式中不可割舍的重要组成部分。这种经历了岁月沧桑而建立的民俗信仰，深深地根植于在这片土地之中，保持着"固有的""自发的""自然的"和"自在的"本色，并且广泛、深入地影响或支配着村民日常生活的方方面面，也对塑造村落的环境起到潜移默化的支撑作用。

以往的历史教训证明，由于人们的不重视，许多有价值的文化传统已经失传。在建设特色小镇时，应当尽可能地把这些曾经存在过的历史挖掘出来，用各种方式将其延续下去，以弥补我们前人错过的缺憾。

即使比较新的小镇，也应该尽可能地根据当地的风土人情和小镇的风貌定位，增加其文化内涵，保证历史文脉的延续，这一点对以开发旅游为主要产业的小镇尤

茯茶小镇茶神祠

为重要。

3. 生态是小镇发展的基础

建设特色小镇，离不开生态环境的建设。近些年，我国在追逐高速经济发展的同时，生态环境也遭受到了极大的破坏，而农村建设和发展的过程中不可避免的会对自然环境造成一定程度的破坏，以至于在自然地循环过程中造成了严重的后果，最终遭受苦果的还是我们自己。为了能够有一个健康、向上、美好的生活家园，以保护生态环境为核心原则，实现人与自然的和谐发展是十分重要的。这也是社会在不断发展的过程中逐渐被人们所认知的。如今，建设生态文明已经成为社会文明的新内容，同时也是必不可少的重要内容，体现了人们追求对人性终极关怀的美好愿景。

人居环境的好坏不仅仅是物质层面的追求，更会对人的心理和思想造成很大的影响。生活在良好生态环境之中的村民们，耳濡目染与潜移默化之下人们的品行能够得到很大的提升。美好的生态环境可以舒缓情绪，让人感受到轻松以及愉悦，还会激发人的诗情画意和对爱与美好的渴望，促进人们追

与自然和谐共生的茯茶小镇

求更美好的生活。

旅游业的发展不像工业发展那样容易带来大量的污染，但是并不意味着没有污染的产生。游客的生活垃圾、旅游场所的建设、旅游交通带来的污染都是问题，还存在着人造景观、人流带来的生态破坏问题。比如近年来一些剧组在旅游景区乱搭建带来的生态问题就要引以为鉴，而且旅游污染不像工业污染那样可控性较强。这就需要在建设的时候提前考虑到避免污染的问题，而不是亡羊补牢，等事情出了再去解决。小城镇遍布在广大农村，从生态的角度来讲还存在一个和农村的互动问题。一般说来，现实情况中的农村整体的生态环境是要优于城市的。小镇在发展时，如果不注重生态问题，不注意解决在工业、商贸业、旅游业等发展时和人口聚集后带来的环境保护问题，就有可能使小镇成为污染源，进而破坏农村的生态环境。如果把这些问题处理好了，工业污染得到了治理，生活污水和垃圾得到了处理，原来分散的乡镇工业和分散的农民居住点所无法解决的污染问题，自然而然的得到了解决，这样也能进一步提高农村的环境质量。所以，想达到经济高速发展的

与自然和谐共生的茯茶小镇

特色小镇建设的实践与启示

目标，就必须将经济发展与生态环境的保护充分结合。在强调经济发展的时期，更不应该忘记大目标——经济的发展是为人类服务，而良好的生态环境是实现这一目标的根本保障。

良好的生态需要改善现有的农村环境，通过生态治理，解决乡村脏、乱、差、环境污染等问题，促进村容整洁美丽，并通过低碳、节能以及合理布局规划等更深层次的生态治理，处理好人与自然的关系，改善农村环境条件与生态系统稳定性，进而实现农村环境的整体改变。

保护生态环境，就要保护好原有的生态资源。小城镇处于农村的包围之中，它的绿色环境可以和农村连成一片，互相渗透。我们很容易可以从一些古老的村庄和集镇的关系中找到这样的例子。对旅游业发展来说，"生态"本身就是一个极具特色的吸引点，在建设特色小镇时，可以对具有小城镇特色的生态系统，进行多种不同模式的尝试。

大体上讲，旅游小镇本地居民从旅游发展中获取利益主要有三个渠道：一是参与旅游业及相关行业的服务与经营，从旅游发展中直接获取收益；二是旅游开发时征用土地的补偿收益；三是以经营权、房屋的出租形式间接参与旅游收益分配。具体而言，保护旅游小城镇居民利益主要应该做好以下几个方面的工作：

①使原住民全程参与特色小镇的建设发展

在一些以旅游为主的小镇发展中，由于没有给原住民创造参与其中的条件，使得这些原住民往往只能被动地接受开发者的安排。在整个建设过程中缺少沟通和参与，会影响到原住民可持续发展旅游业的积极性。在小镇的发展中，要加强宣传，并采取多种方式让原住民参与其中，使其真正感受到小镇发展对其生活改善带来的益处，并按照公平、合理的原则，妥当处理原住民正当的利益诉求。原住民是整个小镇的灵魂所在，只有他们还生活在小镇中，小镇才会焕发出鲜活的生活气息而不是一片死气沉沉，原住民是小镇开发最需要保留的要素之一。

②为原住民创造就业机会，搭建大众就业的平台

以旅游为主要产业的小镇在发展中解决就业问题，是与原住民利益联系

| 静悟——茯茶小镇的品牌经营 |

茯茶小镇的原住民参与经营

最为持久的关键点,也是最能够惠及更多原住民的一项举措。茯茶小镇在建设过程中,就非常强调为原住民提供就业机会。在招商引资时,重点考虑的一个内容就是要求企业用工必须首选原住民,并为原住民提供相关的从业培训。不论是从茯茶小镇的建设还是双赵村民居建筑的改造,都是以原住民的利益、想法为先,并且做到最大限度地为原住民创造就业岗位。这些做法无疑都有利于增加当地居民对发展旅游的认可,进而形成良好的旅游氛围。同时,原住民不论在经营商铺还是对小镇的风貌保护等方面,都是非常有积极性,有主人翁意识的。在鼓励大众创业,为大家提供良好的就业平台的同时,也极大地带动了本地经济的发展。

③通过小镇的发展改善当地的人居环境

小镇在开发建设时,以游客的需求为出发点的同时,也要切实改善当地居民生活环境。茯茶小镇在建设过程中,通过大量投资基础设施,积极支持地方修路建桥、维修巷道等工作,不仅改善了旅游接待条件,也实实在在地改善了当地居民的生产生活环境。

雄厚的产业基础建立之后,不但为决策者提供了方向,也为旅游小镇的品牌建设、整体营销奠定了基础。旅游产品的营销是相当重要的,明确产业,也会带来旺盛的人气,小镇便会发展成为人气兴旺、生机勃勃的人群聚居区。归根究底,人气兴衰的核心是能够提供足够的产业作为支撑。

4. 功能是确定小镇的发展核心

茯茶小镇的公共空间

  确定旅游城镇产业定位后,小镇的功能建设就是发展的核心要素。作为以旅游服务为主要功能的特色小镇,对当地而言是具有类似的城市功能。特色小镇虽然规模小一些,而且城市功能相比较弱,但它也会有相对的政治中心、商贸中心、科技文化中心、公共活动中心。这些中心的空间布局,或者集中于中心一点,或者呈现几个组团状,或者汇集于主要道路边成线状分布。这些功能区域的建设,要考虑到当地居民生活的便利程度,也要考虑外地游客的活动情况。比如足够容量的停车场、餐饮、住宿等配套设施,厕所等公用设施是否建设完备,有没有举行大型活动的场地等都是决定小镇可持续发展的要素。此外,还要考虑到这些为游客建设的公共设施在旅游淡季如何使用，是不是也同时能作为当地居民的功能场所。只有兼具了当地居民和游人的需要，与极具地域特色的民间文化气氛相融合，积淀起来有独特的文化魅力，才能长期地聚集人气，极大地提升旅游价值。

功能区的多种公共建筑和公共空间，应当成为小镇最重要、最精彩、最具有人气的部分。在建筑风格上要体现小镇的整体风貌，确定每一幢公共建筑的建筑形态，使其成为小镇的景点与亮点。

总体而言，产业、文化、生态、功能，对于小镇的建设发展而言是不可缺少的。如果说产业和功能是小镇硬环境的话，生态与文化就是软条件，特别是生态环境和历史文脉更是旅游小镇用以打造自身品牌的特色所在。扎实做好这四要素的建设，也就夯实了特色小镇发展的基础。

三、茯茶小镇模式

茯茶小镇作为陕西省西咸新区特色小镇建设品牌案例，从规划构思到后续建设、业态分布及营销手段，都经过了翔实的调查研究而制定了相应的策略。如今，茯茶小镇的建设还在继续中，但茯茶小镇的热度一直持续不减。茯茶小镇深受广大游客喜爱的原因，除了极具地域特色的规划设计外更离不

茯茶小镇整体鸟瞰图

开乡土文化的传承、产业培育、居民安置等一系列因素的影响。我们整理了这些文字,一方面是为了记述自己投入极大心血的作品,向大家全方位的展示茯茶小镇,另一方面,更希望整理和梳理出茯茶小镇建设的理念,以期起到抛砖引玉的效果。

1. 文化为魂,产业为媒

对于一个小镇来说,真正能够打动人心的,能够吸引游客的不是它与城市的雷同。最重要的是要做出真正属于小镇的特色。我们经常讲软实力,其实小镇的建设也是如此。在特色小镇,没有高楼大厦,没有车水马龙,也没有高端的消费场所,但是我们有小镇的特色,有小镇的文化内涵。文化好比是老酒,愈陈愈醇。茯茶小镇,便是利用历史悠久的丝路文化、茶马古道文化、茯茶文化、陕商文化等,以此作为茯茶小镇的核心灵魂,支撑起小镇发展的那一片信仰的天空,让小镇建设的一切不再显得那么空洞,而是具有深厚的文化内涵,从而令人流连忘返,陶醉其中。

再者就是小镇的建设必须要有主导产业的支撑,茯茶小镇充分利用泾阳"茯茶"产业的先天优势,把茯茶产业做精、做透,味道做足。然后再延伸至其他的诸如餐饮、休闲旅游等产业。如果说文化内涵是小镇的灵魂,那么产业便是小镇的血肉,做好了小镇的产业支撑,一方面解决当地居民的就业问题,带动地方经济发展;另一方面则更加为小镇增添特色魅力,提升观光趣味性,同时也为小镇的持续发展提供永续动力。

2. 安民乐业,联动共赢

在茯茶小镇建设之前,我们也曾经参与过其他地方的开发建设项目,深知拆迁、安置工作的不易,同时对居民的安置工作也有了更深地认识与体悟。古人说天时地利人和,缺一不可,民心则更是一项大工程。如何做好民心工程,对小镇的建设可谓是重中之重。茯茶小镇谋划之初,我们便秉持"不拆地,不占房,就地安置,就地致富"的策略来统筹当地的拆迁安置工作。对于原本村落里的一草一木,我们都坚决不动,并且提升改造。哪怕是一颗死树,我们也要利用它来做新文章,彰显新活力。这其实也是一种乡土情怀的体现。我们认为原有乡村中的任何一个元素,其实都承载着地方群众

| 静悟——茯茶小镇的品牌经营 |

墨君茯茶

泾渭茯茶

的情感记忆，我们保护这些元素，其实就是在保护文化、传承文化，这是一个建设者的理想。

小镇所在的双赵村是一个普通的自然村落，原有的老百姓大都进城务

工,并非常驻。如若采取强制拆迁的工作模式,一方面耗资巨大,另外则容易引起系列社会问题,同时,对于传统村落的保护与传承来说,也是一个很大的损失。老百姓均有强烈的乡土家园意识,我们在小镇建设的过程中,针对普通百姓采取住房免费外立面改造、基础设施完善等系列工程,解决老百姓用水难、出行难、卫生条件差等问题,从根本上为老百姓考虑,给群众办实事、办好事。另一方面,随着小镇的日益红火,游客量的增多,老百姓结合自家院子可以同时开展农家乐等相关的业态,帮助老百姓创业、致富。双赵村很多原来在城里务工的群众都纷纷回村创业,建设家园,这是一种可喜的现象,也说明我们真正地做到了"精准扶贫",同时带动百姓"创业、创新"。这是一种良性的、具有广阔群众基础的好办法。我们认为这对于城乡统筹、基层维稳与新常态下的乡村建设来说,也是一种很好的模式。

3. 科学规划,人文优先

以发展旅游为主导是小城镇建设的一种类型,是新型城镇化建设的有益探索,其开发建设能够有效推动当地社会、经济和环境全面协调发展,所以需要制定科学合理的规划用于指导小镇的建设。建设未动,规划先行。国家、政府一再强调规划的重要性,这是高瞻远瞩、具有前瞻性思维,茯茶小镇的建设之初,我们便邀请多家设计单位参与到小镇的文化策划、产业策划、规划设计中来,切实让他们从专业角度为我们出谋划策,为小镇的发展绘制蓝图,极大程度上避免了建设性浪费。

在规划设计方面,我们有几点认识,一是规划设计要有人文性,也就是要有境界、寓意,比如"五福园"理念,就是我们在各单位进行规划设计的过程中,针对某些规划缺乏文化内涵,内容空洞而赋予的。规划不能只讲空间,只讲造型,这是不对的。就好比一个人,只拥有五官、血肉、躯干、骨骼,但是没有智商,那么这个人便不能称为一个完美的人。小镇的规划设计也同样如此,不仅要有艺术性,具有优美的空间环境,同样更加需要有人文性,要有文化内涵,这样才是一个有层次、有档次、有深度的小镇。

再一个就是关于文化景观的建设,人文景观是具有鲜活生命力的,会吸引游客反复前往的。世界文明就是一种文化的传承,人天生就有文化情结,对人文景观的憧憬之情远大于对自然景观的敬畏之意。那么想要开发旅游产业，文化旅游资源便是核心吸引物，科学合理保护和开发文化旅游资源是建设的出发点和归宿点，需要深入挖掘小镇的文化内涵，突出小镇的自身特色。

4. 坚定不移，绿色发展

文化旅游小镇建设切忌大拆大建和铺张浪费，避免破坏环境，应当依托小镇自身优势资源，重视河流水系及周边生态自然环境地保护，构建资源节约型和环境友好型和谐村镇，走生态可持续发展之路，这是我们一贯坚持的。古人讲，竭泽而渔，必不久也。小镇建设也是同样的道理，我们需要建立良性的产业发展机制与生态环境保护机制，这样才能够长久的、可持续地发展下去，同时在绿色的前提下求发展，谋远景。

因此，我们严格把控小镇内所有的食品原材料源头关，坚持绿色食品、绿色加工、绿色售卖；严格划定生态红线，水系、景观、土壤，坚决反对破坏生态，决不妥协；要求企业员工与村民，杜绝损害茯茶小镇品牌形象的行为；严格控制、改良茯茶的生产条件，把好卫生关，打好茯茶牌；同时进一步发掘茯茶文化内涵，研究茶窖等新模式对于茯茶品牌的宣传带动作用等。这一系列的措施，均是我们做好茯茶小镇决心的体现。我们既要坚定不移地促进与推动茯茶小镇的发展，也要坚守我们的底线，真正做到绿色运营，绿色发展，这是我们的茯茶精神。

5. 衍生思维，合理宣传

茯茶小镇从开园至今，所取得的成果是可喜的，但是茯茶小镇未来真正要做的事情才刚刚开始。因此，在这里我提一个"衍生发展"的概念，意思就是要提倡多维度、多元化的发展模式。对于茯茶小镇，我们要做的事情还很多，比如动物房子、活体博物馆、微缩景观小菜地等等，这些都是需要进一步衍生拓展的。发展一定要有衍生的思维，不能太固态化，巴黎市长希拉克曾经说，对于一个城市来说，凝固就是灾难。确实如此，对小镇来说，也是这样，我们不能安于现状，需要更多的顶层设计与多方位的思维，来探索小镇的进一步发展，这也是我们的愿望。

古人常讲"酒香不怕巷子深"，诚然如此，但是在今天，特别是在这样

特色小镇建设的实践与启示

一个互联网时代,大量的信息充斥在人们周围。大家甚至来不及分辨,来不及浏览。这是一个信息大爆炸的时代,在这样一个时代背景下,沉默不一定就是好的,带来的后果甚至是默默无闻,偏处一隅。我们一直认为,好的东西就应该让更多人知道,让人们了解,让人们来体验。因此,宣传并不是作秀,而是某种程度的"创业"与"创新"。特别是如今的微信、微博、QQ等APP所具备的公众平台,已经成为一个非常好的品牌推广载体。通过各种媒介将我们的作品宣传出去,把我们的心情晒出来,把大家的意见吸纳进来,把大家的需求融会进来,这就是我们的宣传与品牌推广策略。

综上所述,文化为魂,产业为媒;安民乐业,联动共赢;科学规划,人文优先;坚定不移,绿色发展;衍生思维,合理宣传;这40个字,也是我们总结的所谓"茯茶小镇模式",也算是我们参与建设茯茶小镇过程的一点感悟和收获。

茯茶小镇建设管理团队合影

后 记

改革开放30多年来,我国的城镇化水平不断提高,经济发展水平也达到了一个新的高度。城镇化建设的模式也由原来的粗放型发展转向精致化、精品化。特别是2013年底习近平总书记在"中央城镇化工作会议"上提出"让居民看得见山、望得见水、记得住乡愁"的城乡建设理念,更是表明城乡发展的趋势,揭开了我国生态文明城镇建设的序幕。

茯茶小镇,正是在这样的时代背景下应运而生的。小镇的建设不仅把握住了时代的脉搏,抓住了机遇,更是在实践的过程中摸索出了一系列自己独特的建设经营模式,形成了新时代背景下特色小镇建设的独特经验。我们作为一名建设者,亲手培育了小镇的发端,见证了她的成长,又期待她的辉煌。

茯茶小镇的建设还没有完成,还有很多规划理念及设想有待落实,我们对城乡人居环境建设的探索之路也还在延续。

我们期冀本书所蕴含的"茯茶小镇"模式能够作一个他山之石,给其他的城乡建设提供些许可以借鉴的思路与对策。

由于建设事务繁杂,书稿作于工作之暇隙,定有谬误之处,恳望批评指正,若略有资情参鉴之微功,我们荣幸之至。

在此衷心感谢我的同仁!感谢他们为茯茶小镇所做的一切努力!

张险峰
2018年2月18日